GUIA PARA INICIANTES

漫画

Desenhe e crie seu próprio

MANGÁ

INCLUINDO PERSONAGENS NO ESTILO ANIME

EXPLICAÇÕES PASSO A PASSO

gato amarelo

Direção editorial: **María José Pingray**
Direção e realização do projeto: **Alejandra Trícoli**
Texto e design: **Lala Ozarow**
Tradução: **Ariel Ramos**
Preparação: **Raquel Nakasone**
Revisão: **Natália Chagas Máximo**
Produção industrial: **Aníbal Álvarez Etinger**
Imagens: **Shutterstock.com – Lala Trícoli**

CNPJ 50.517.864/0001-53. Rua Alice de Souza Lima, 303, Sala 04, CEP 04823-470, São Paulo, SP, Brasil.
Impresso na China. Printed in China
SAC: atendimento@gdbeditorial.com.br

Dados Internacionais de Catalogação na Publicação
(CIP)(Câmara Brasileira do Livro, SP, Brasil)

Ozarow, Lala
Desenhe e crie seu próprio mangá: guia para iniciantes / Lala Ozarow; [tradução Ariel Ramos; direção e realização do projeto Alejandra Trícoli]. - São Paulo: GDB Editorial, 2024.

Título original: Dibuja y crea tu propio manga ISBN 978-65-85774-88-8
1. Desenho - Técnica 2. Histórias em quadrinhos -

Japão - Técnica 3. Personagens de histórias em quadrinhos - Japão I. Título.

23-178027 CDD-741.51

Índices para catálogo sistemático:
1. Mangás : Quadrinhos japoneses : Técnicas 741.51
Cibele Maria Dias - Bibliotecária - CRB-8/9427

Introdução

Quer se tornar um artista especialista em mangá? Neste livro, você vai aprender tudo sobre essas histórias em quadrinhos: origem, gêneros e estilos, semelhanças e diferenças com o anime e outras informações interessantes. Além disso, encontrará um guia completo sobre os materiais e as ferramentas de desenho mais úteis para criar suas cenas. Você vai mergulhar de cabeça na arte de desenhar mangás. Não é necessário ter experiência prévia para aprender essa técnica! Basta ler com atenção e começar a praticar. Você aprenderá a criar personagens e a desenhar roupas e acessórios. Não apenas humanos, mas também animais! Depois, este guia o acompanhará para que possa desenhar todos os tipos de cenários e ambientes. Você vai se tornar um especialista em quadros e balões de diálogo e, finalmente, estará pronto para desenhar seu próprio mangá.

É hora de colocar mãos à obra!

Capítulo 1

漫画

MANGÁ

O QUE É MANGÁ?

Mangá é uma palavra de origem japonesa composta por dois kanjis (caracteres): MAN, que significa “informal”, e GA, que significa “desenho”. Sua tradução literal é “desenho informal”, “rabisco”. O termo define a arte que surgiu da união entre a pintura tradicional japonesa e os quadrinhos de estilo ocidental.

No Japão, a palavra mangá é usada para qualquer quadrinho, mas no restante do mundo também se refere ao estilo de desenho usado nesses quadrinhos: corpos estilizados, olhos enormes e expressivos, figuras de ação.

A origem do mangá pode ser rastreada até o movimento artístico ukiyo-e, que se desenvolveu entre 1603 e 1868. Esse movimento consistia em gravuras de estampas tradicionais que incluíam texto e imagem. Nelas, as descrições em ideogramas ampliavam a representação visual. Entretanto, foi em 1902 que o cartunista Rakuten Kitazawa produziu o primeiro mangá da história, chamado *Tagosaku to Mokube no Tokyo Kenbutsu*.

Durante as décadas de 1920 e 1940, as obras eram destinadas a crianças e jovens. O *boom* dos mangás ocorreu no final da Segunda Guerra Mundial, quando o Japão foi derrotado. Como a sociedade estava sofrendo física e psicologicamente, era necessário oferecer um meio de entretenimento barato. O cinema não era acessível a todos. Já existiam diretores de cinema bem conhecidos, mas não era possível filmar muita coisa devido à crise econômica do país. Assim, as pessoas começaram a ler mangás. O gênero tornou-se popular e transformou-se no importante setor que é hoje em todo o mundo.

No Japão, as revistas de mangá têm centenas de páginas e contêm diferentes séries em uma única publicação. Elas são baratas, usam papel reciclado e são impressas em preto e branco. Não são feitas para serem guardadas, mas para serem lidas e descartadas. Atualmente, podem ser encontradas em todo o mundo, traduzidas para diferentes idiomas. A maioria delas segue a ordem de leitura japonesa, ou seja, os quadros, os balões de fala dos personagens e as páginas são lidos da direita para a esquerda, como mostra a figura.

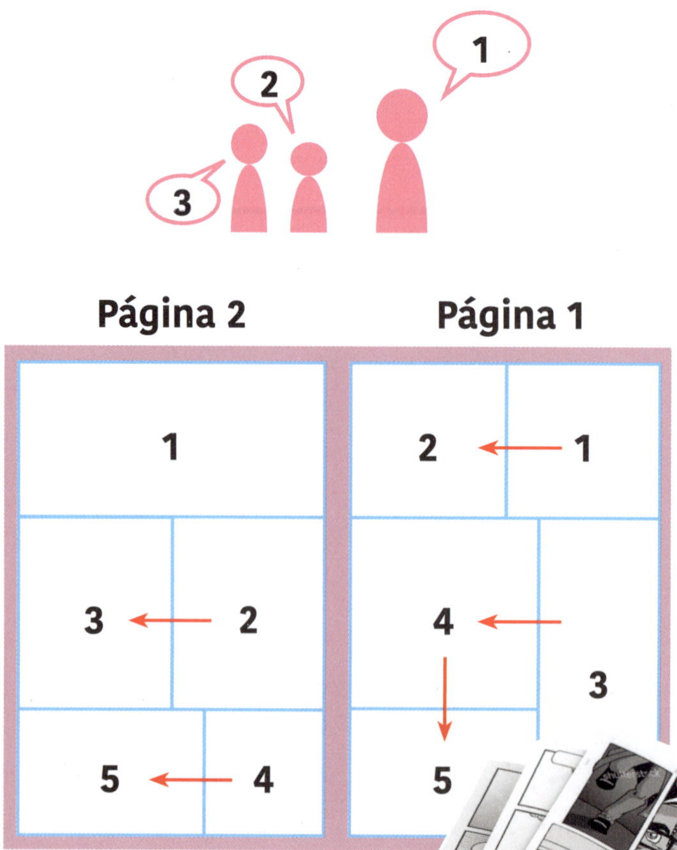

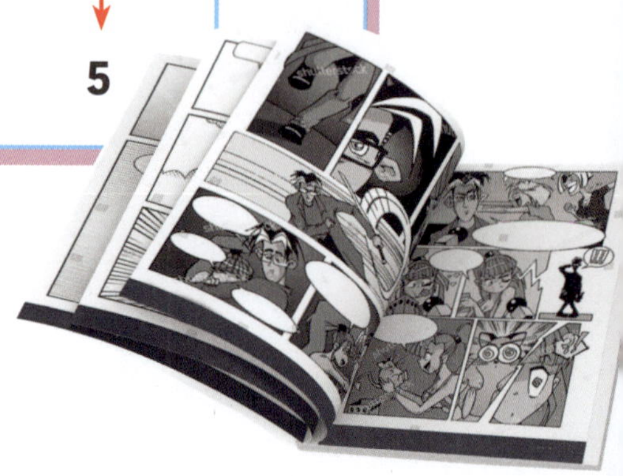

Gêneros e estilos

No mangá, há vários gêneros e estilos de leitura, dependendo do assunto e/ou da idade dos leitores. Mencionaremos aqui os principais.

O EFEITO CULTURAL DO MANGÁ FOI TÃO GRANDE NA VIDA DOS JAPONESES QUE DEU ORIGEM AO ANIME E AO CONCEITO *KAWAII*.

Infantil

Kodomo

Gênero para crianças, mas também para adultos. São de fácil leitura, com estilo amigável e argumento simples. As histórias transmitem uma moral que pode ser compreendida pelas crianças e os personagens costumam ser bonitinhos e fofinhos. São conhecidos como *kawaii*.

Adolescentes

Shōnen

Histórias de aventura, esportes, ação, amizade ou autoaperfeiçoamento. Os personagens são companheiros e trabalham em equipe.

Shōjo

Romance, amores impossíveis e fantasia com heroínas corajosas e justas que lutam para proteger o planeta fazem parte dos enredos desse gênero. A maioria dos personagens é caracterizada por corpos esbeltos.

Adultos

Gekika, Seinen, Hentai, Josei

Gêneros destinados ao público adulto, com conteúdo erótico, violento ou sofisticado. Os gráficos são muito cuidadosos, baseados na arte de aperfeiçoar os detalhes.

Para todos

Kawaii

Adjetivo japonês que significa "fofo", "fofinho", "adorável". Surgiu na década de 1970 e pode ser usado para itens, brinquedos, animais ou crianças. Tornou-se tão popular ao redor do mundo que se transformou em uma cultura que exalta a infantilidade, a ternura e a bondade. Seus personagens têm personalidade adorável e educada e transmitem doçura por meio de seus gestos e ações cotidianas. Essa cultura também está ligada ao anime e ao cosplay (uso de acessórios e fantasias que representam alguma ideia ou personagem). Os jovens kawaii tentam imitar o estilo dos personagens de mangá ou anime. Geralmente usam cores pastéis, penteados infantis e, às vezes, maquiagem para mostrar olhos grandes, expressivos e bonitos.

NO MUNDO *KAWAII*, AS PESSOAS SÃO EDUCADAS, IMPECAVELMENTE LIMPAS, CHEIRAM A FLORES OU FRUTAS, TÊM ORGULHO DE SER KAWAII, NÃO SÃO AGRESSIVAS OU RUDES, NEM USAM ROUPAS PROVOCANTES.

Diferentes formatos de mangá

As séries de mangá, quando se tornam populares, são publicadas por muitos anos e podem ser compiladas em livros de diferentes formatos. O mais comum é o *tankōbon*, mas há muitos outros. Aqui apresentamos os mais conhecidos.

TANKŌBON
単行本

São pequenos livros que reúnem vários capítulos de uma única série de sucesso em formato de revista. São impressos em preto e branco e têm entre 170 e 240 páginas. No Japão, também são chamados de *komikkussu* (コミックっす), uma palavra que vem de "comic".

SŌSHŪHEN
総集編

Esse formato começou a ser publicado no início de 2008. É um pouco maior que a revista em quadrinhos americana e é usado para edições especiais, como o *kanzenban*, com capas específicas para cada episódio, ilustrações coloridas e informações destacadas e inéditas. Costuma ter mais páginas que um *tankōbon*, pois contém mais capítulos.

KANZENBAN
完全版

Termo que designa um livro de "edição especial". É publicado em tamanho maior que um *tankōbon* e contém material inédito, como capas especiais para cada episódio, histórias, ilustrações e detalhes que não apareceram na revista original. Os *aizō-ban* enfatizam o valor dos volumes, enquanto os *kanzenban* são reservados para edições completas e definitivas da série. Ambos os formatos são usados para as séries mais populares.

BUNKOBON
文庫本

Também chamado de *bunko* (文庫), é uma publicação barata e de formato pequeno (costuma ser 105 x 148 mm). É semelhante ao *tankōbon*, mas com menos páginas. Costuma ter uma capa projetada especificamente para essa edição e geralmente é usado para reimprimir mangás já publicados.

WAIDOBAN
ワイドバン

Publicação maior (com aproximadamente 150 mm x 210 mm), com mais páginas que o *tankōbon*. É impressa em preto e branco. Esse formato é frequentemente usado para publicar mangás do gênero *seinen* depois de terem sido publicados como revistas.

SHINSŌBAN
新そばん

Formato semelhante ao *waidoban*, usado para edições corrigidas e atualizadas, com páginas coloridas e capas novas. Muitas vezes são acrescentadas páginas inéditas ou redesenhadas.

AIZŌ-BAN
藍染版

Livro de edição especial e um dos formatos mais caros, pois geralmente é impresso em quantidade limitada, com capas criadas especialmente para a edição, impresso em papel de alta qualidade (tanto as capas quanto os interiores) e, às vezes, é vendido em kits especiais. É muito comum que sejam acrescentados desenhos e informações inéditas. Os mangás de maior sucesso geralmente são impressos nesse formato.

Semelhanças e diferenças

O mangá japonês é uma das três grandes tradições de quadrinhos do mundo, juntamente com a americana e a franco-belga. É uma parte muito importante do mercado editorial japonês.

Mangá e comics ocidentais

Essas publicações têm algumas diferenças no estilo de desenho e de leitura, mas compartilham muitas características. Durante anos, houve um constante intercâmbio cultural entre Oriente e Ocidente, o que permitiu um intercâmbio entre o mangá e os *comics*.

SIMILARIDADES

- Ambos os gêneros contam histórias de ficção. São aventuras com super-heróis e detetives que tratam de temas da vida cotidiana, como a vida escolar, ou temas universais, como o amor.
- Geralmente apresentam batalhas entre o bem e o mal e entre heróis e vilões.
- Os personagens têm características faciais e corpos exagerados.
- Os planos são exagerados e as perspectivas são forçadas para causar maior emoção e impacto no leitor.
- Os quadros retratam mudança de ação por meio de diferentes planos ou pontos de vista. Eles podem variar em forma ou tamanho. Em alguns casos, há personagens que se projetam dos quadros ou se sobrepõem entre um quadro e outro. Costumam aparecer em cenas de página dupla.

DIFERENÇAS

- Os mangás são lidos da direita para a esquerda. Os quadrinhos ocidentais, por sua vez, são lidos da esquerda para a direita.
- Os mangás são publicados em revistas em papel reciclado de baixa qualidade, em preto e branco. Somente em edições especiais as capas e algumas páginas são coloridas. Em uma mesma revista, são reunidos vários capítulos de diferentes séries. Apenas quando a série é bem-sucedida, ela é compilada em uma coleção de um ou vários volumes. Em contrapartida, os quadrinhos ocidentais são publicados em cores (com algumas exceções), em pequenas edições de 14 a 20 páginas e em papel de boa qualidade, pois geralmente são colecionados.

Mangá e anime

SIMILARIDADES

- O mangá e o anime são duas formas narrativas.
- Elas estão intimamente ligadas, pois há constantes adaptações de mangá para anime e vice-versa. É por isso que os dois termos são frequentemente confundidos.
- Ambas as produções se alimentam mutuamente: o anime populariza ainda mais os mangás (já que muitas animações são baseadas neles), e os mangás dão origem a muitos filmes e séries de televisão de anime.
- Tanto o mangá quanto o anime apresentam enredos complexos ao longo de vários episódios.
- Eles compartilham os mesmos efeitos visuais, o exagero de cenas, linhas em movimento e perspectivas forçadas.

DIFERENÇAS

- O mangá é um produto impresso (história em quadrinhos), e o anime é uma produção audiovisual, ou seja, um filme ou curta-metragem (animação).
- O desenho dos personagens de anime tem menos detalhes do que o mangá. Isso facilita o trabalho de animação.
- O mangá normalmente é em preto e branco e os filmes são coloridos.

ANIME É A ABREVIAÇÃO DE *ANIMÊSHON* (ADAPTAÇÃO JAPONESA DA PALAVRA *ANIMATION*). EM ÁREAS FORA DO JAPÃO, ESSE TERMO É USADO PARA SE REFERIR À ANIMAÇÃO JAPONESA. MAS, NO JAPÃO, ELE É USADO PARA TODOS OS FILMES OU SÉRIES DE ANIMAÇÃO (MESMO QUE SEJAM DE PAÍSES ESTRANGEIROS)

MANGAKÁ

MANGAKÁ é um termo japonês usado para designar os criadores de mangás.

No campo profissional, o *mangaká* concebe a história, geralmente junto com um editor, contando com a ajuda de alguns assistentes. Ele precisa desenhar e escrever muitas páginas em um curto espaço de tempo.

TAREFAS DO *MANGAKÁ*

- Submeter o roteiro a um revisor.

- Elaborar um *storyboard* (esboço do roteiro) e enviá-lo ao editor.

- Decidir quantas páginas ocupará cada cena do *storyboard* e planejar todo o mangá.

- Desenhar a lápis o design final (em tamanho real) de cada uma das páginas do mangá. Isso inclui os quadros, os personagens e os balões de diálogo.

- Distribuir tarefas aos assistentes. Alguns têm um ou dois que fazem todo o mangá, mas, em geral, há mais, e cada um é especializado em uma parte do processo: um faz os planos de fundo, outro faz os "mechas" ou robôs, outros fazem a arte-final ou desenham os personagens, alguns escrevem o diálogo nos quadros etc.

- Há também *mangakás* amadores que não têm assistentes e fazem o trabalho de forma independente. Muitos deles produzem *dōjinshi*, revistinhas semelhantes a fanzines que eles mesmos publicam. Nesses casos, as publicações têm apenas algumas páginas e o trabalho é totalmente feito à mão.

COMO SE TORNAR UM BOM MANGAKÁ?

✏ Se interessar pela cultura japonesa e conhecer seus costumes.

✏ Gostar de passar o tempo desenhando, lendo e escrevendo. Não fazer disso uma tarefa obrigatória, mas uma atividade artística, criativa e espiritual. É preciso se divertir no processo!

✏ Ser consistente e ter confiança em si mesmo, pois não se aprende da noite para o dia.

✏ Aproveitar o processo criativo ao desenhar e montar o mangá sem pensar tanto no resultado final.

✏ Ser responsável e aceitar críticas construtivas.

✏ Pesquisar e ler diferentes mangás para construir repertório, observar estilos e tipos de desenho para saber quais histórias e personagens são interessantes para você, como a narrativa é organizada, como os quadros são divididos e como o diálogo, os parágrafos e as frases são escritos.

✏ Apreciar desenhar e ler, não apenas mangás, mas também livros da literatura mundial.

OZAMU TEZUKA

Começou a desenhar quando era muito jovem e se tornou um grande diretor, produtor e roteirista.

Selo impresso no Japão homenageando o mangaká e animador Osamu Tezuka e seus personagens mais famosos.

Museu de Mangá Osamu Tezuka na cidade de Takarazuka, Japão.

Nasceu em 1928, na cidade de Osaka, e cresceu na cidade de Takarazuka, onde passou a juventude e a maior parte de seus anos de formação. Entusiasmado com a animação, começou a desenhar quando ainda era criança e se tornou um grande diretor, produtor e roteirista. Ele entrou para a história com o apelido de "Deus do Mangá" (*Manga no kami-sama*).

Tezuka foi responsável por estabelecer as bases do mangá moderno. Ele introduziu a linguagem cinematográfica com a aplicação de um esquema de página no qual dividia os movimentos dos personagens em vários quadros ou sequências. Ele também mudou o espaço e a estética do mangá e transformou esses quadrinhos antigos, que tinham apenas alguns quadros, em histórias complexas. Para isso, acrescentou mais páginas ao material.

Esse *mangaká*, inspirado em personagens de filmes americanos, foi o primeiro a desenhar os olhos grandes e circulares tão característicos dos personagens de mangá e anime. Com essas características, ele conseguiu expressar as emoções dos personagens, dar uma sensação agradável e atrair a atenção dos leitores. A popularidade de Tezuka se espalhou, expandindo a leitura e o consumo de mangás, o que fez o setor florescer no Japão pós-guerra. Após os horrores da Segunda Guerra Mundial, que o marcaram para sempre, ele começou a criar histórias com mensagens otimistas, humanitárias e ambientais.

Tezuka também foi um dos pioneiros da animação japonesa. Ele criou a primeira série de desenhos animados do Japão, *Tetsuwan Atom* (*Astro Boy*), e continuou lançando grandes sucessos, como *Ribbon no Kishi* (A Princesa e o Cavaleiro) e *Jungle Taitei* (Kimba, o Leão Branco). Com eles, Tezuka descobriu a animação limitada, um novo sistema de trabalho que lhe permitiu acelerar o processo de desenho e filmagem, reduzindo o movimento dos personagens. Como eles pareciam mais estáticos, o uso de elementos gráficos foi intensificado para marcar a velocidade e destacar as expressões. Os personagens de Tezuka foram tão influentes na cultura popular japonesa que até hoje estão não apenas na memória dos japoneses, mas de todo o mundo. Tezuka faleceu em 1989 e, em 1994, a cidade de Takarazuka homenageou sua carreira com a criação do Museu de Mangá Osamu Tezuka.

CAPÍTULO 2

MATERIAIS E FERRAMENTAS DE DESENHO

FERRAMENTAS DE DESENHO

O desenho não tem limites, é infinito e tão livre quanto a sua imaginação. Por esse motivo, é recomendável que experimente todas as ferramentas que mostraremos nas próximas páginas até encontrar as mais confortáveis para você. Sempre tenha um lápis à mão, uma régua, uma borracha e, acima de tudo, paciência e perseverança.

LÁPIS

Junto com o papel ou o caderno, é a principal ferramenta do seu kit de mangá. Há uma grande variedade de lápis: com minas de grafite, minas coloridas, aquarelável, de diferentes espessuras e intensidades.

LÁPIS DE GRAFITE

São essenciais para desenhar. São classificados com letras e números de acordo com sua dureza:

- Os B (*black*) são lápis macios. Com eles, você obtém um tom mais intenso. O 2B é recomendado para esboços, pois não borra muito o papel. Os 3B, 4B e 5B e superiores são úteis para sombreamento.

- Os lápis HB são intermediários, ficando entre os macios e os duros. Os 2HBs são os mais macios.

- Os H (*hard*) são duros; quanto maior o número, mais duros eles são.

- Os F (*firme*) ficam entre os macios e duros, recomendados quando se deseja um traço mais forte.

LAPISEIRAS

Permitem que você desenhe linhas mais precisas. São usadas com minas de grafite B ou HB e até com minas coloridas. As espessuras padrão são 0,3 - 0,5 - 0,7 - 0,9 - 2 - 3,15 - 5,2 e 5,6 mm.

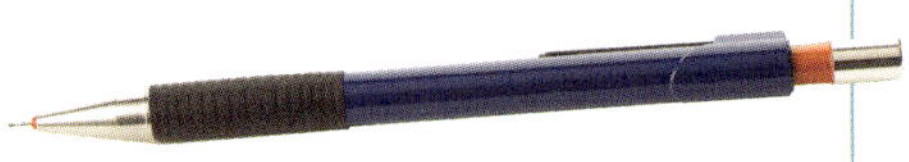

LÁPIS DE COR

Ter um lápis azul-claro é muito útil para esboços, *storyboarding* e para desenhar quadros de fundo. Quando o desenho estiver concluído, os lápis de cor serão úteis para pintar seus desenhos: seus personagens, os planos de fundo, as capas e até o mangá inteiro.
Eles são vendidos com pigmentos à base de cera ou óleo. Há também lápis de cor aquareláveis, que podem ser usados com água para acabamentos que imitam a aquarela.

CANETA DE PONTA FINA

Será sua aliada ao desenhar mangás. É uma caneta com tinta à base de água, ideal para desenhar traços precisos, contornar, fazer a arte-final de esboços a lápis, escrever diálogos dentro de balões e quadros, desenhar estampas, texturas e detalhes finais dos personagens, como cabelos, roupas, fundos e elementos do cenário.
As mais práticas para escrever e desenhar são as de 0,8 mm. As de ponta mais fina servem para desenhar pequenos detalhes.

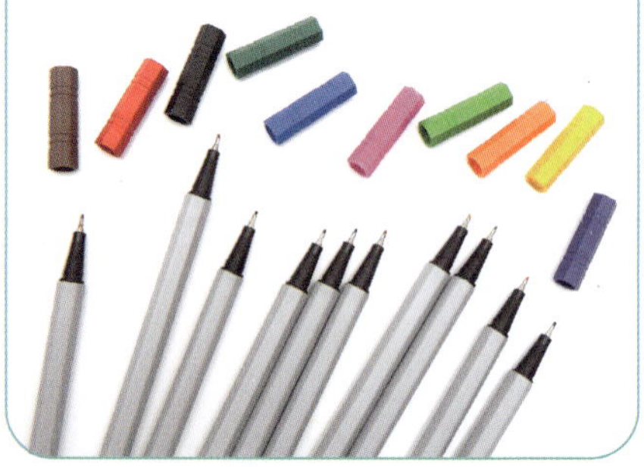

RÉGUA

A régua pode ser de plástico ou de metal. É aconselhável ter sempre à mão uma régua de 10 cm e outra de 30 cm para traçar linhas retas com excelente acabamento, delinear espaços de trabalho, traçar linhas de base onde os textos serão apoiados e, fundamentalmente, medir as margens da página. Isso permitirá que você desenhe os quadros.

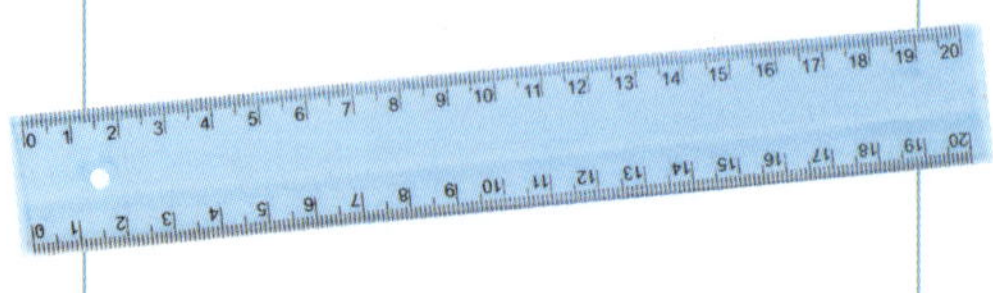

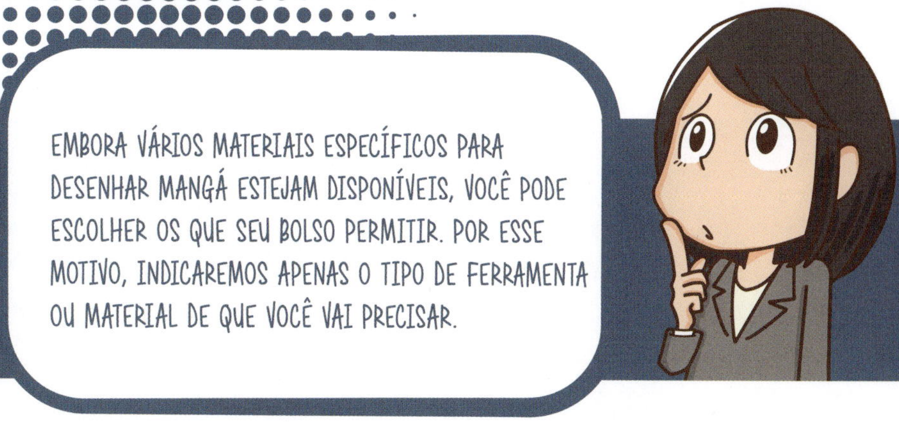

BORRACHAS

É um instrumento essencial para apagar traços e criar efeitos no desenho, como brilho, cintilação e texturas.

BORRACHA DE PLÁSTICO
É macia e apaga traços suaves e médios. Dura mais que a borracha miolo de pão, pois se desgasta menos.

BORRACHA DE TINTA
Feita de pequenas partículas de metal, o que a torna muito abrasiva. Ela estraga o papel facilmente e, portanto, deve ser usada com muito cuidado.

BORRACHA MALEÁVEL
Pode ser moldada em qualquer formato para apagar qualquer linha. Apaga grafite escuro, carvão e pode até ser usada para desenhar em áreas coloridas sem deixar resíduos quando esfregada no papel.

BORRACHA MIOLO DE PÃO
É macia e não danifica o papel. É ideal para apagar traços delicados e não muito escuros.

PINCÉIS

Há uma grande variedade de papéis e eles podem ser usados para pintar, desenhar e obter diferentes acabamentos. Devem ser escolhidos de acordo com o tipo de material usado ou a técnica utilizada, pois os mais adequados para a aquarela são feitos de um material diferente dos usados para óleos ou acrílicos.

PONTA DELINEADORA
São muito finos, usados para escrever ou fazer linhas que exijam precisão.

PONTA PLANA
Excelentes para desenhar letras e linhas com traços variáveis.

PONTA REDONDA
Ideais para desenhar, pintar e criar padrões e texturas.

APONTADORES

São muito importantes para manter as pontas dos lápis afiadas. Lembre-se de que o apontador deve ser de boa qualidade para não danificar seus lápis.

APONTADOR DE FURO ÚNICO
Esses são os apontadores mais comuns, usados para afiar lápis de tamanho normal. São feitos de plástico ou metal.

APONTADOR DUPLO
Usados para afiar lápis regulares e mais grossos, feitos de plástico ou metal.

APONTADOR DE LÁPIS ELÉTRICO
Ideais para ter em sua mesa, pois economizam muito tempo durante o trabalho.

Materiais

Além das ferramentas, há outros elementos necessários para criar um mangá. Aqui apresentamos os indispensáveis, como papel e outros materiais que você poderá adquirir conforme avança em seu treinamento.

CANETAS DE PENA

Existem diferentes tipos de canetas, como as canetas tinteiro de pena e os bicos de pena.

CANETA TINTEIRO

Ela vem com cartuchos de tinta recarregáveis e penas de diferentes espessuras:

- **F** (fina) ou **M** (média) para fazer linhas finas e escrever textos.
- **B** (grossa) para fazer traços mais largos e preencher desenhos.

CABO PARA BICO

É uma alça plástica ou de madeira que permite o uso de bicos de pena de diferentes tipos e espessuras; há pontas chanfradas e arredondadas. É usada com tintas de desenho e, como não tem cartucho embutido, requer muita prática para dominar a técnica e atingir conforto.

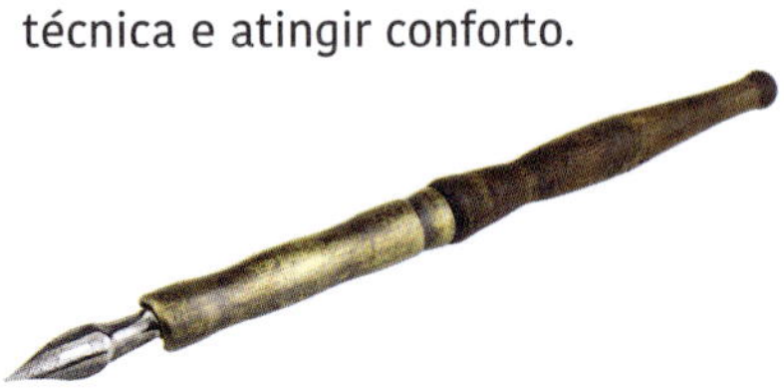

SE VOCÊ USAR CABO, NÃO SE ESQUEÇA DE PEGAR O BICO DE PENA COM UM LENÇO DE PAPEL E LIMPÁ-LO. DEPOIS DE DESENHAR, ENXÁGUE-O COM ÁGUA LIMPA E SEQUE-O PARA EVITAR QUE SE DETERIORE.

TINTAS PARA DESENHO

São ideais para desenhar com bicos de pena e pincéis. Nos mangás, geralmente são usadas tintas pretas. Mas, se preferir colorir seus desenhos, também vai encontrar uma grande variedade de tons.

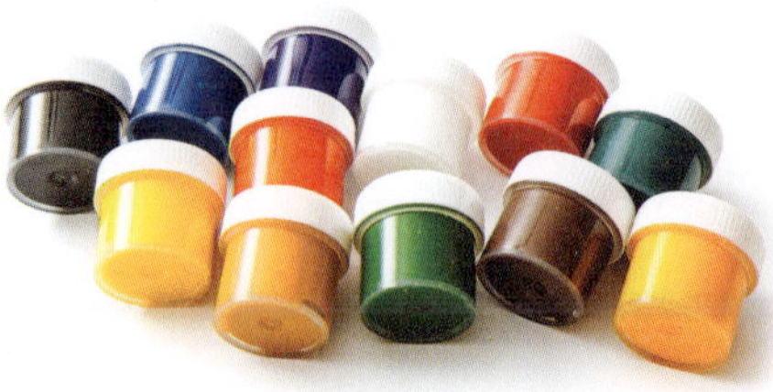

MARCADORES / CANETAS DE FELTRO

Elas serão suas aliadas na hora de desenhar ou pintar, pois há uma infinidade de cores, tipos de pontas e espessuras. Existem marcadores à base de água e permanentes. Sugerimos que você use os à base de água, pois eles não atravessam o verso do papel, como aconteceria com os permanentes.

PONTA REDONDA

Muito útil para desenhar e pintar.

PONTA BISELADA

Usada para pintar grandes superfícies ou escrever onomatopeias e efeitos gráficos.

PONTA FINA E MICROFIBRA

Tem a mesma função que a caneta de ponta fina.

PONTA PINCEL

É muito prática para pintar grandes áreas, sombras e traços variáveis, dependendo da pressão exercida na ponta. Algumas vêm em aquarela para misturar cores e criar efeitos de gradiente. Com elas, obtém-se um acabamento muito semelhante ao do pincel, sem a necessidade de transferir tinta ou pintura.

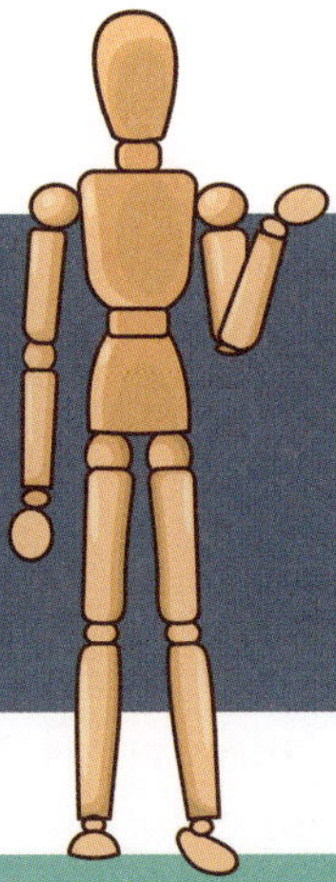

É MUITO PRÁTICO TER SEMPRE À MÃO UM CORRETOR OU MARCADOR BRANCO PARA DESENHAR O BRILHO NO CENTRO DOS OLHOS DOS PERSONAGENS, FAZER SILHUETAS SOBRE UM FUNDO PRETO, CORRIGIR TRAÇOS QUE NÃO FICARAM COMO VOCÊ IMAGINAVA E APERFEIÇOAR AS TRAMAS OU TEXTURAS DOS FUNDOS OU DAS ROUPAS DOS PERSONAGENS.

MANEQUIM ARTICULADO

É feito de madeira e é usado para desenhar posições e vistas de diferentes planos, selecionar ações e gestos dinâmicos dos personagens. Existem modelos de mãos e pés da figura humana, e até mesmo de animais, disponíveis comercialmente.

PAPÉIS

O material onde você fará seus desenhos é muito importante. Por esse motivo, é aconselhável usar papel de boa qualidade, pois, além de facilitar o desenho com bico de pena, ele realçará o acabamento final de seu desenho. Há papéis para desenhar com lápis, tinta, aquarela e para fazer esboços. A variedade de papéis é tão grande quanto a de cores, texturas, qualidades e formatos.

PAPEL SULFITE / PARA DESENHO

É vendido em blocos, resmas e cadernos de vários tamanhos, é ligeiramente brilhante e vem em diferentes cores e gramaturas. O papel de 80 gramas é muito útil para praticar com lápis e canetas. Os papéis de 100 gramas e mais pesados são ideais para uso de tintas.

PAPEL CALCO

Usado para transferir desenhos ou criar efeitos diferentes sobrepondo vários papéis. São fornecidos em várias gramaturas: os mais finos são ideais para trabalhar com lápis, e os mais grossos permitem o uso de marcadores e nanquim. Você também pode usar borracha sem danificá-los.

AQUARELAS

Permitem que você obtenha diferentes acabamentos e texturas. São ideais para colorir suas ideias e esboços. Muito fáceis de transportar. Com elas, você pode criar diferentes efeitos de água, céu, galáxias, tecidos, brilho, acessórios, texturas, objetos e formas da natureza (folhas, areia, flores etc.).

MESA DE LUZ

Essa prancheta tem uma luz interna que permite que você coloque um papel e, sobre ele, outra folha de papel para copiar o traçado da folha abaixo, ou fazer correções e alterações quantas vezes achar necessário sem modificar o esboço original.

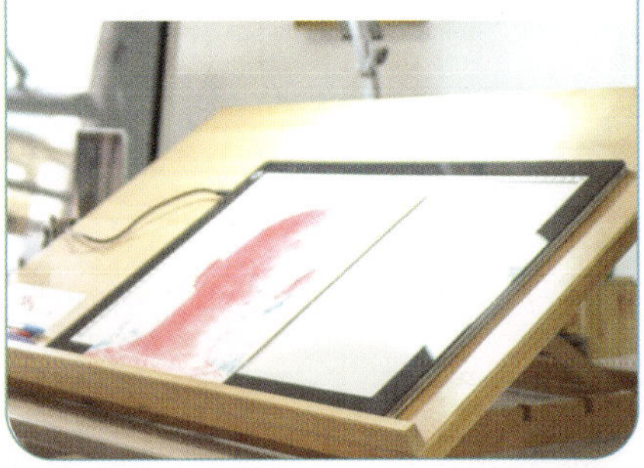

ARTE DIGITAL

Após aprender as noções básicas de desenho à mão, você poderá desenhar em seu computador, *notebook* ou mesa digitalizadora. Também é possível desenhar à mão, digitalizar o desenho e editá-lo num programa de ilustração. Depois, pode fazer modificações, pintá-lo e aplicar efeitos de luz, sombra ou textura. Por fim, pode imprimir o trabalho finalizado e montar o livro.

Capítulo 3

EXERCÍCIOS PARA SOLTAR A MÃO

Liberando o traço

Assim como nos esportes, nas disciplinas artísticas também é recomendável fazer um aquecimento antes de começar. Você pode fazer exercícios de respiração, de concentração ou desenho livre para desbloquear a mão.

Aqui você encontrará exercícios para liberar seu traço. Não se preocupe com a limpeza ou a beleza. Não se trata de uma obra de arte, você está apenas se aquecendo para o próximo nível. Brinque e relaxe!

Vamos começar! Segure o lápis solto, sem apertá-lo demais, e mova a mão em um movimento circular, girando o pulso. Quando sentir que sua mão está deslizando livremente, examine as linhas e formas. Em seguida, pratique em uma folha de papel em branco.

PARA OBTER UM TRAÇO FLUIDO, RELAXE E DEIXE-SE LEVAR PELAS LINHAS E PELO MOVIMENTO DA MÃO, DESLIZANDO O LÁPIS COMO SE ESTIVESSE PATINANDO SOBRE O PAPEL, SEM PRESTAR ATENÇÃO AOS DETALHES OU PROPORÇÕES.

PARA ESTES EXERCÍCIOS, VOCÊ PRECISARÁ DE UM LÁPIS GRAFITE HB, MARCADOR PRETO E PAPEL BRANCO.

CRIE SUAS FORMAS E DESENHOS EM DIFERENTES TAMANHOS E TRAÇOS EM UM CADERNO DE DESENHO.

Pegue o caderno de rascunhos e continue com os exercícios de aquecimento. Faça círculos. Mova sua mão girando o pulso, apoie o lápis no papel e deslize-o suavemente para fazer traços livres, como os mostrados abaixo.

Com um marcador, tente fazer os seguintes traços. Crie linhas onduladas, algumas curtas, outras mais longas, sobreponha-as, cruze-as, repita-as e crie texturas diferentes. Isso o ajudará a ganhar fluência e, ao mesmo tempo, você descobrirá maneiras diferentes de sombrear ou colorir seus próximos desenhos.

Formas geométricas

Pratique e aprenda diferentes formas geométricas. Elas são a base de todos os desenhos.

Passe um lápis sobre a linha azul-clara de cada forma e, em seguida, desenhe-a ao lado, usando a anterior como referência.

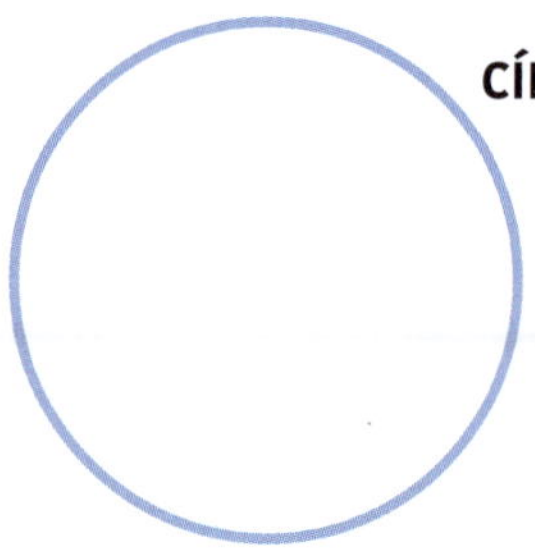

CÍRCULO

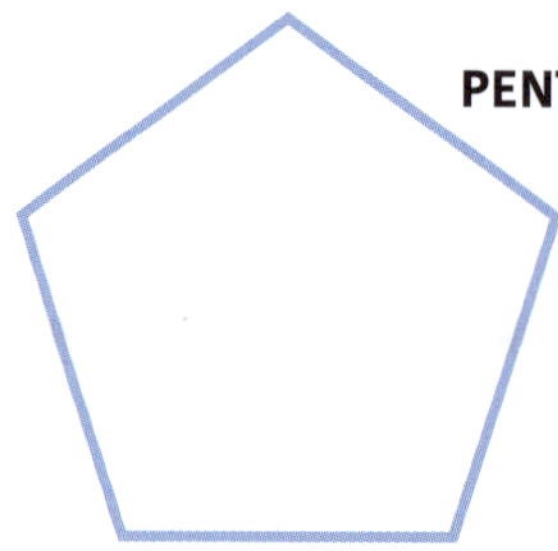

PENTÁGONO

QUADRADO

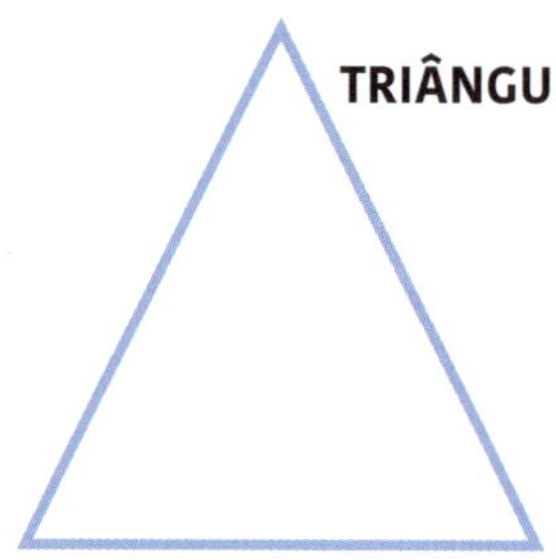

TRIÂNGULO

Ao esticar ou deformar as formas básicas, você pode criar formas mais complexas.

RETÂNGULOS

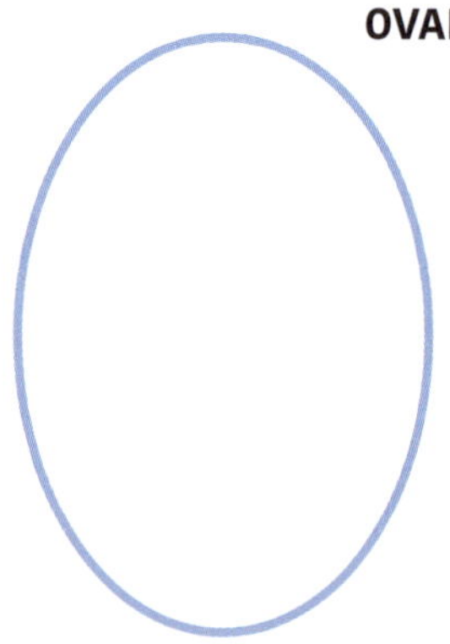

OVAL

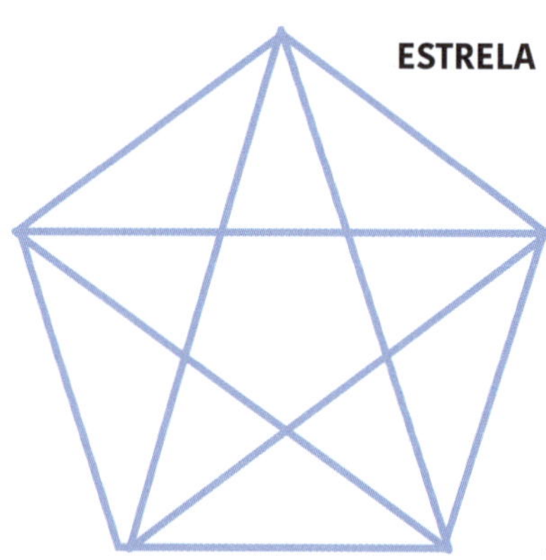

ESTRELA

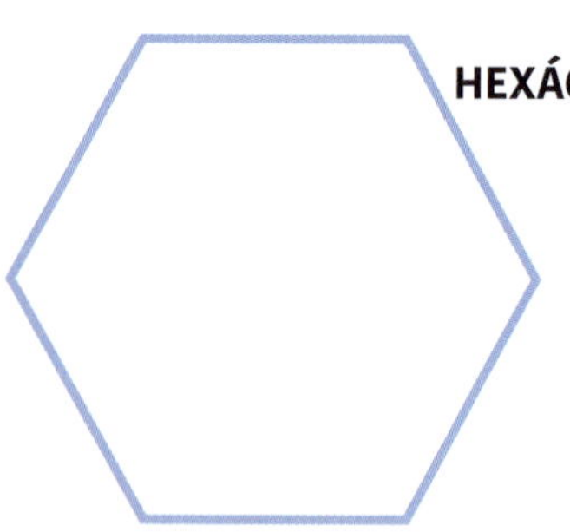

HEXÁGONO

Se você acrescentar profundidade às formas geométricas básicas, poderá criar corpos geométricos, tridimensionais. Observe-os e copie-os abaixo.

Capítulo 4

CRIAÇÃO DE PERSONAGENS

PROPORÇÕES DO CORPO HUMANO

Para dar vida a um personagem, você deve primeiro aprender a desenhar a estrutura do corpo humano. Em seguida, terá que dar a ele uma constituição física, uma gesticulação e todos os detalhes que considerar necessários para que se torne o personagem que você deseja criar.

A proporção do corpo é um dos fatores mais importantes para a construção de um personagem, portanto, você deve levar em conta as diferentes dimensões de cada parte.

A maneira mais prática e efetiva de calcular as proporções de um personagem é usar a medida da cabeça como referência. Dessa forma, você poderá manter as mesmas proporções de seu personagem em todo o mangá. Use os modelos a seguir como exemplo para criar personagens de diferentes alturas e constituições físicas.

Em geral, o corpo feminino tem linhas curvas e arredondadas, enquanto o corpo masculino tem linhas retas e mais firmes. Esses modelos de oito cabeças e meia são muito usados para criar personagens heróicos com poderes sobrenaturais ou inimigos temíveis. Às vezes, as pernas são alongadas para obter figuras mais imponentes.

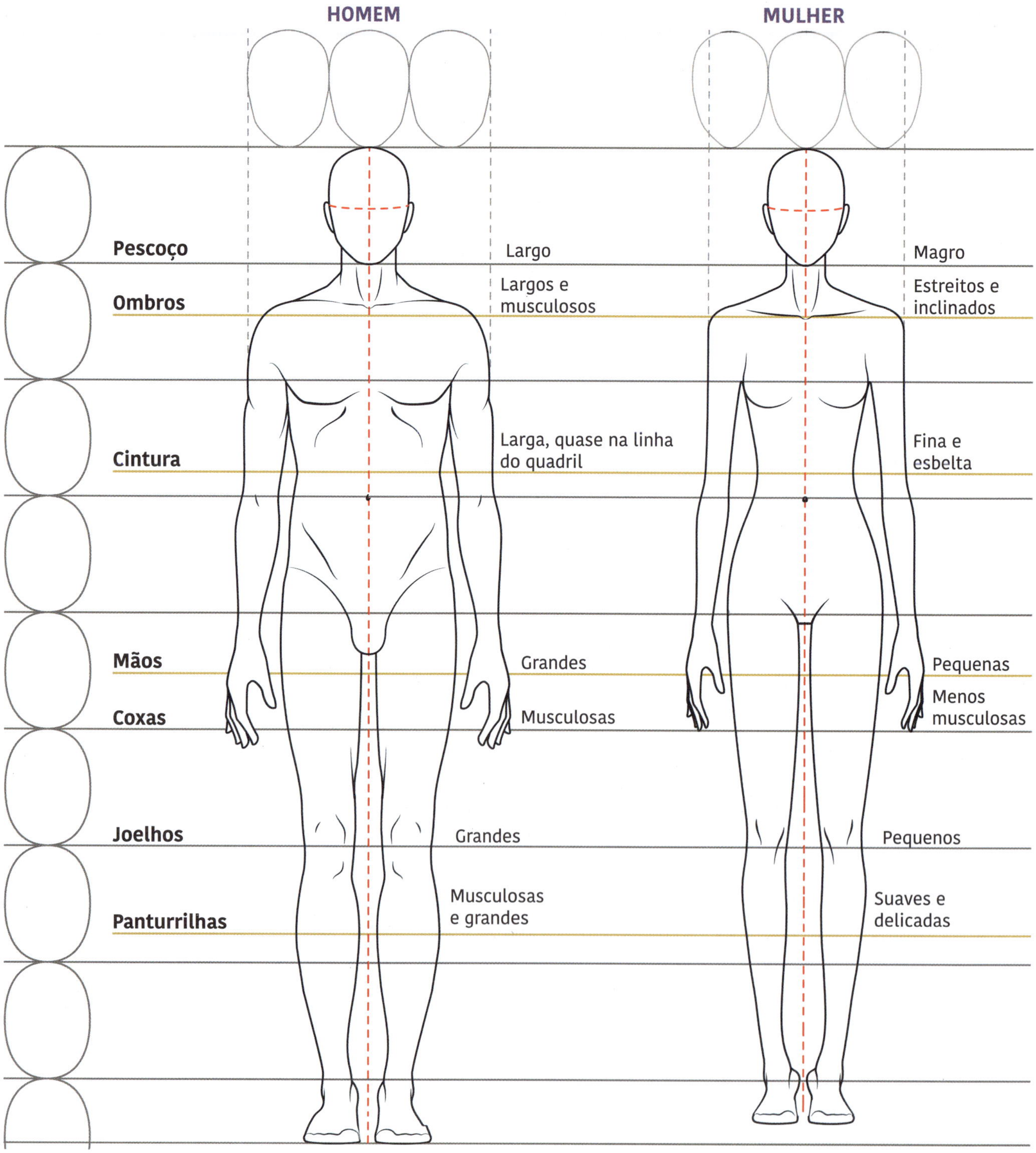

As proporções variam de acordo com a idade dos personagens e o porte físico. A figura adulta normal tem aproximadamente sete cabeças. Os corpos com cinco cabeças geralmente representam crianças ou personagens de narrativas de fantasia, como fadas, eremitas ou velhos sábios.
Aqui estão alguns modelos que você pode usar como referência ao desenhar personagens.

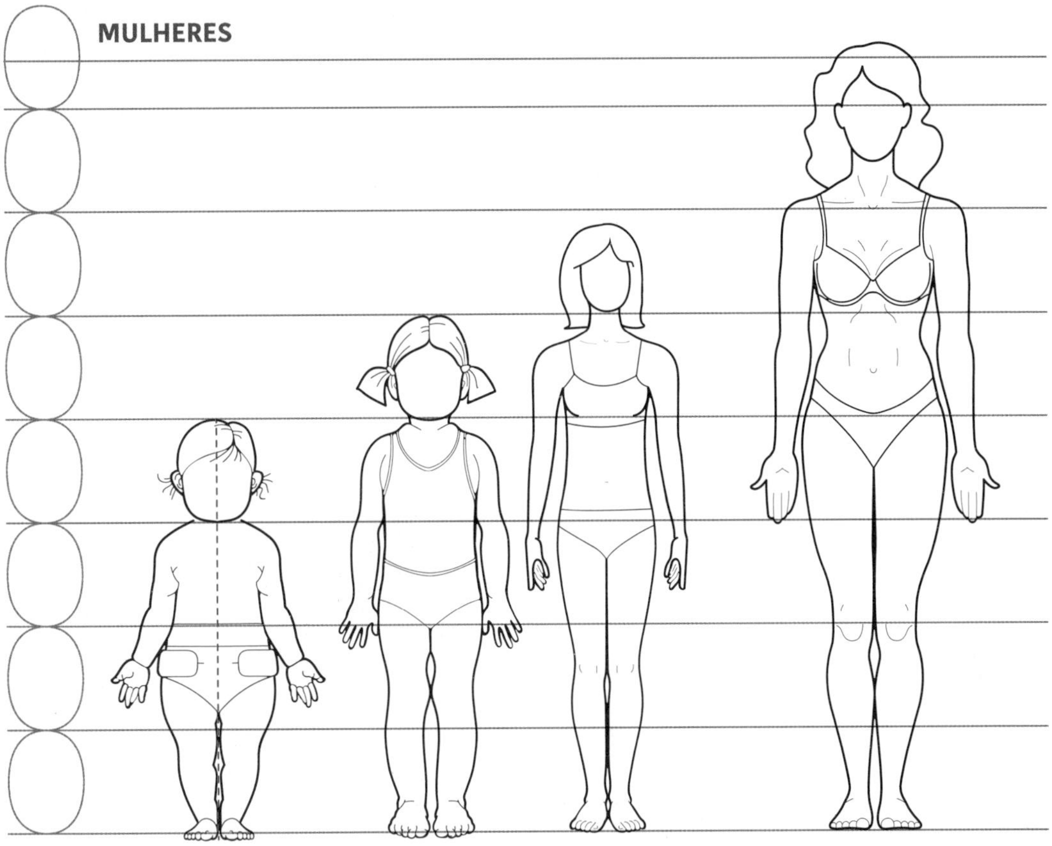

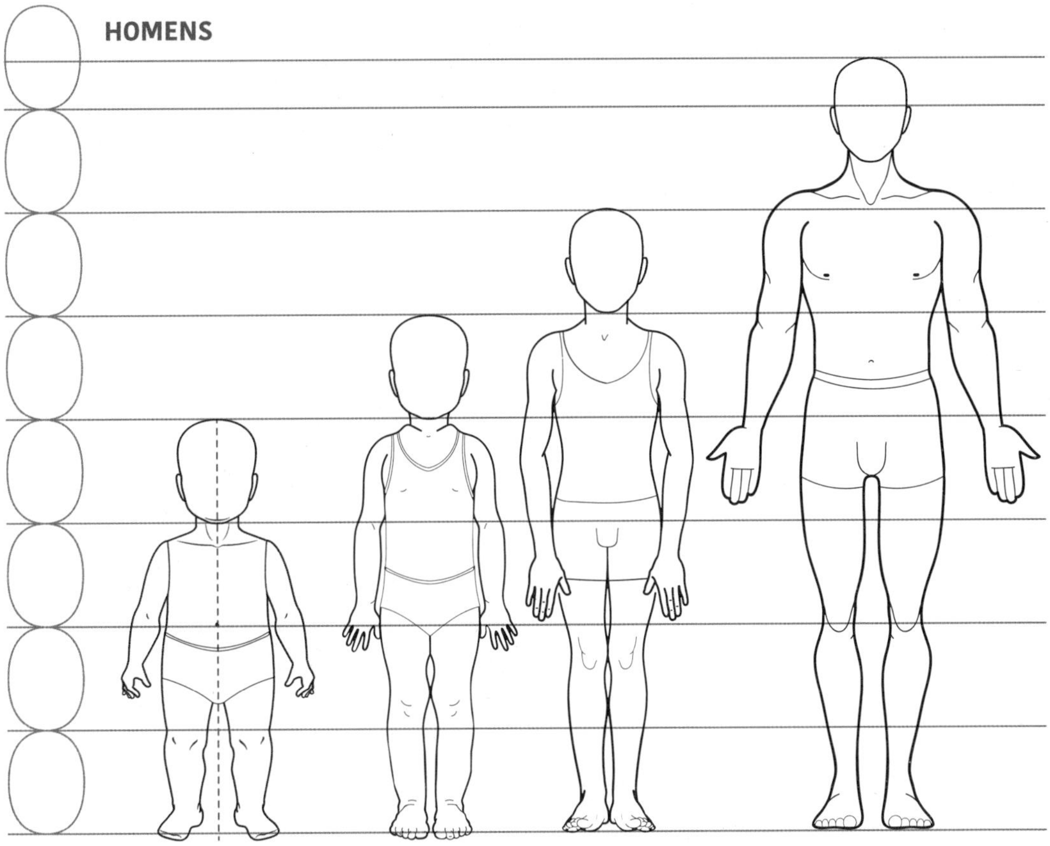

Estilos de personagens

Tomando como base as proporções reais do corpo humano, você pode criar personagens de diferentes idades, constituições físicas e estilos. Por exemplo, ao modificar a altura, você pode brincar com as figuras de adultos e crianças; as pernas dos adolescentes são sempre mais longas do que as de crianças etc.
Observe quantas cabeças têm os exemplos seguintes para criar um número infinito de personagens

ESTILO REALISTA

Para criar um personagem nesse estilo, você deve levar em conta as proporções reais do corpo humano para formar a estrutura. Esse estilo é usado para desenhos equilibrados. Embora às vezes as características sejam exageradas e algumas linhas, simplificadas, esses personagens sempre serão muito parecidos com pessoas reais. Nos mangás, é muito usado para adolescentes e adultos.

Esse adolescente tem seis cabeças e meia de altura. As proporções do corpo foram tiradas de modelos reais e as linhas foram simplificadas. As pernas são mais longas e mais finas.

Cabeça

A figura desse jovem samurai tem uma estrutura de sete cabeças de altura. Suas características e proporções são baseadas em um modelo real do corpo humano. Para lhe dar personalidade e enfatizar seu estilo, foi criado um traje ricamente detalhado.

A figura dessa guerreira tem uma estrutura baseada nas oito cabeças do modelo heroico. Suas feições são angulosas, suas pernas e braços são longos. Os detalhes do desenho têm a intenção de mostrá-la como uma personagem forte.

ESTILO ANIME

Os personagens desse estilo têm proporções do corpo humano exageradas ou deformadas, mas sempre mantendo a simetria para que o personagem seja crível.

São desenhos simplificados, com linhas suaves e poucos detalhes. É um estilo muito usado em filmes de animação, videogames e mangás para adolescentes e crianças.

Essas adolescentes têm cinco cabeças de altura. As cabeças são maiores em relação ao tamanho do corpo, e o tamanho dos pés é exagerado para compensar o equilíbrio da figura.

A estrutura dessa jovem guerreira é baseada em um modelo com sete cabeças e meia de altura. As proporções são muito semelhantes às de alguns corpos humanos. É uma figura com pernas muito longas e finas para enfatizar sua altura.

Esses dois amigos têm uma estrutura de seis cabeças e meia de altura e características baseadas em proporções reais. Nesse desenho, o tamanho dos olhos foi exagerado e as linhas do corpo foram simplificadas.

Esse jogador de basquete no estilo anime tem o corpo baseado em um modelo realista de sete cabeças, com algumas linhas simplificadas, olhos grandes e pés ligeiramente exagerados para dar suporte à figura.

ESTILO KAWAII

Esse estilo de desenho não respeita as proporções de corpos reais. São figuras simplificadas, com no máximo duas cabeças de altura, formas arredondadas e uma expressão amigável e simpática. Em geral, têm olhos pequenos e separados em comparação com rostos reais. São personagens ternos e infantis.

ESTILO CHIBI

Esses personagens têm a cabeça maior que o corpo e costumam medir entre duas ou três cabeças e meia. Esse estilo cria uma imagem infantil e divertida com linhas simples. São muito usados em produtos de merchandising, anime e mangá para crianças.

Eixo e movimentos do corpo

A estrutura do corpo é: esqueleto firme com um eixo (coluna vertebral) que o mantém em equilíbrio, e articulações que permitem movimentos dinâmicos.

Pense em como seria o esqueleto de seu personagem e, em seguida, faça alguns esboços simplificando-o, adicionando linhas articuladas. Dessa forma, você pode criar rapidamente vários modelos até obter a pose, a proporção e a forma desejadas.

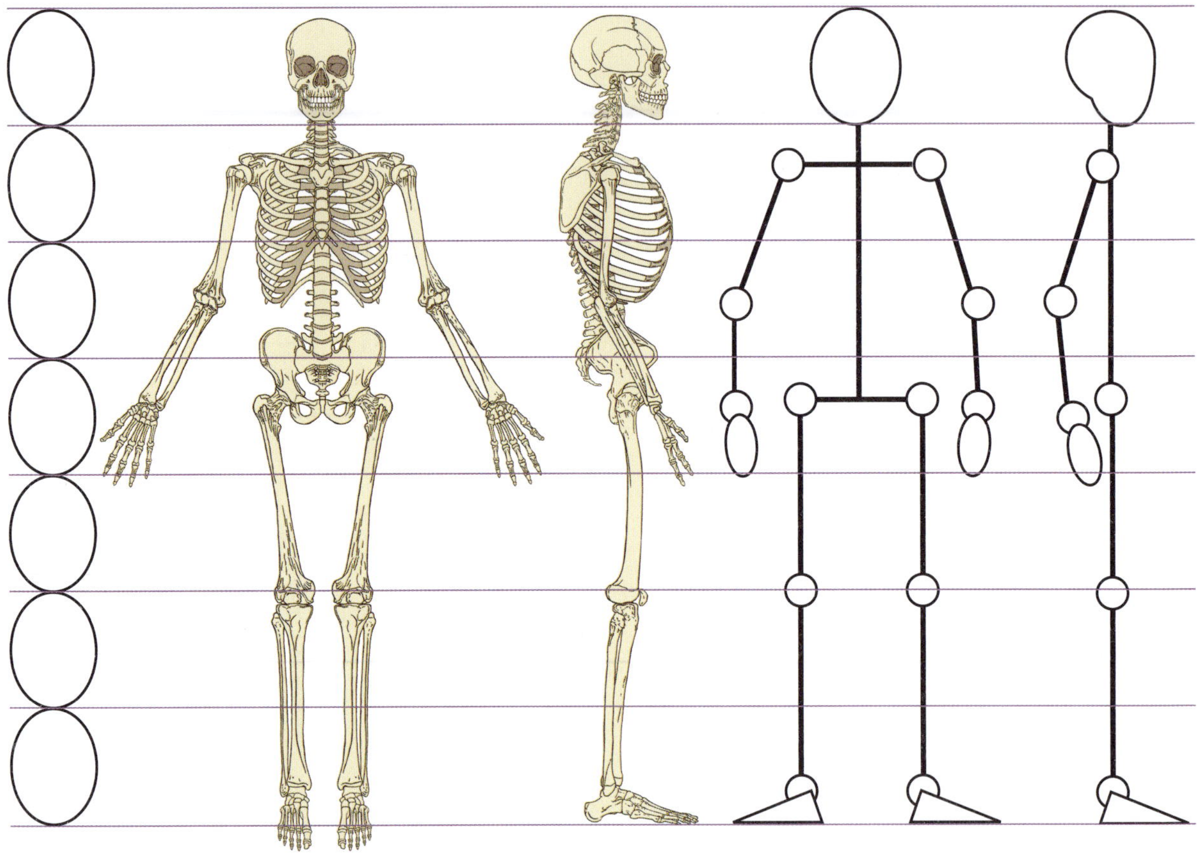

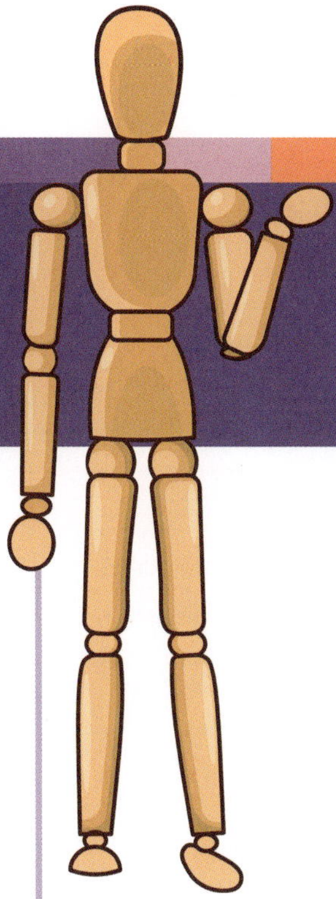

ATIVIDADE

OBSERVE OS ESQUELETOS ACIMA E FAÇA SEUS PRÓPRIOS ESBOÇOS NESTA PÁGINA.

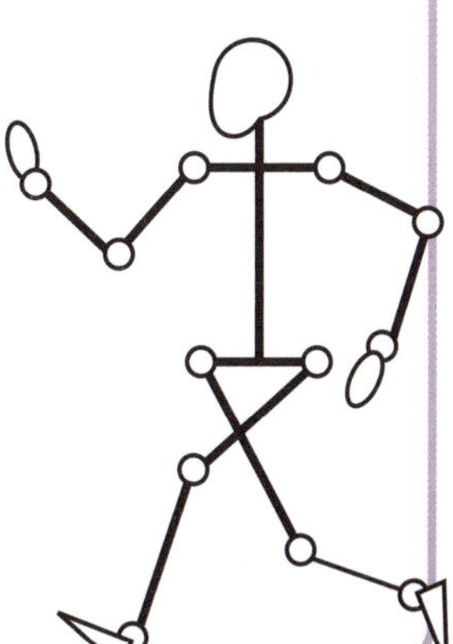

VOLUME DA FIGURA

O uso de formas geométricas permite que você dê volume à figura e vida ao personagem. Essas etapas o ajudarão a pensar sobre o estilo, o tamanho e as características de seus personagens. Mantenha essas etapas em mente e pratique-as em uma folha de papel em branco.

1 Decida quantas cabeças seu personagem terá e, com um lápis azul-claro, crie a figura com linhas articuladas e a pose desejada.

2 Desenhe formas geométricas para dar volume a cada parte do corpo, como se fosse um manequim de madeira.

3 Apague as linhas, mas deixe as articulações marcadas.

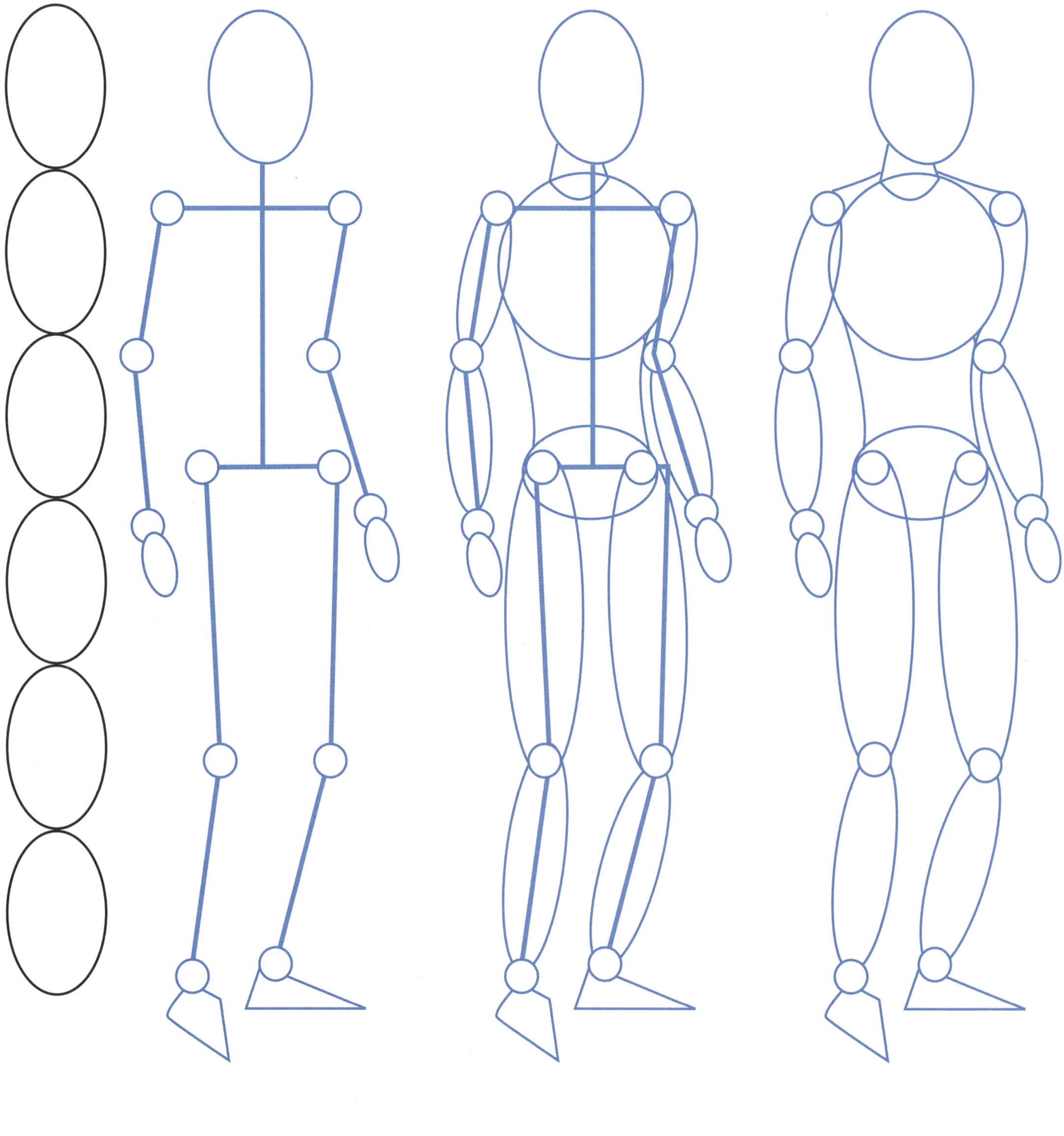

4 Desenhe os músculos da figura e apague com cuidado a estrutura feita anteriormente. Usando isso como base, você pode desenhar as feições do rosto, o penteado e as roupas que quiser para criar diferentes personagens.

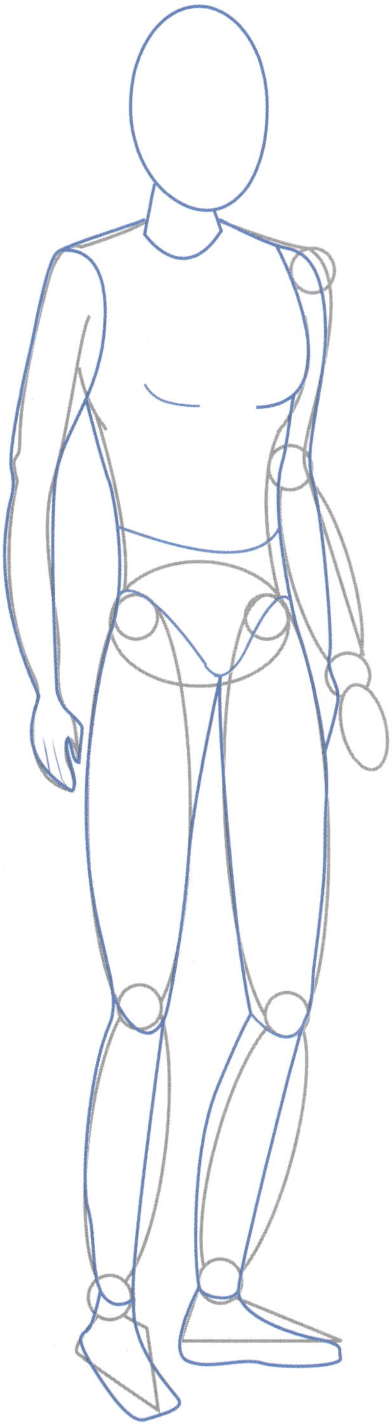

Diferentes tipos de corpos

Ao modificar as proporções da estrutura de base, você pode criar personagens com diferentes tipos físicos, idades e personalidades.

As estruturas de base seguintes foram desenhadas com as mesmas formas geométricas, mas as proporções foram alteradas. Em algumas, as pernas ou os braços foram encurtados, o tronco, os pés e a cabeça foram aumentados; em outras, a altura foi modificada etc.

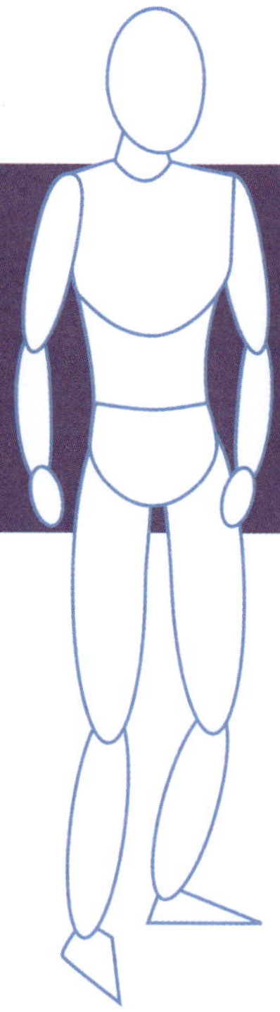

ESTRUTURA BÁSICA

Lutador em estilo realista, com músculos bem definidos.

Personagem com costas largas, cintura pequena, braços e pernas longos e finos.

Super-herói pequeno com cabeça e pés grandes em comparação com o resto do corpo, no estilo chibi.

ATIVIDADE

UTILIZE AS ESTRUTURAS BÁSICAS COMO REFERÊNCIA E DESENHE DIFERENTES FORMAS E CONSTITUIÇÕES FÍSICAS MODIFICANDO PARTES DO CORPO. PRESTE ATENÇÃO AO POSICIONAMENTO DAS CARACTERÍSTICAS FACIAIS E DAS PARTES DO CORPO PARA QUE FIQUEM EQUILIBRADAS.

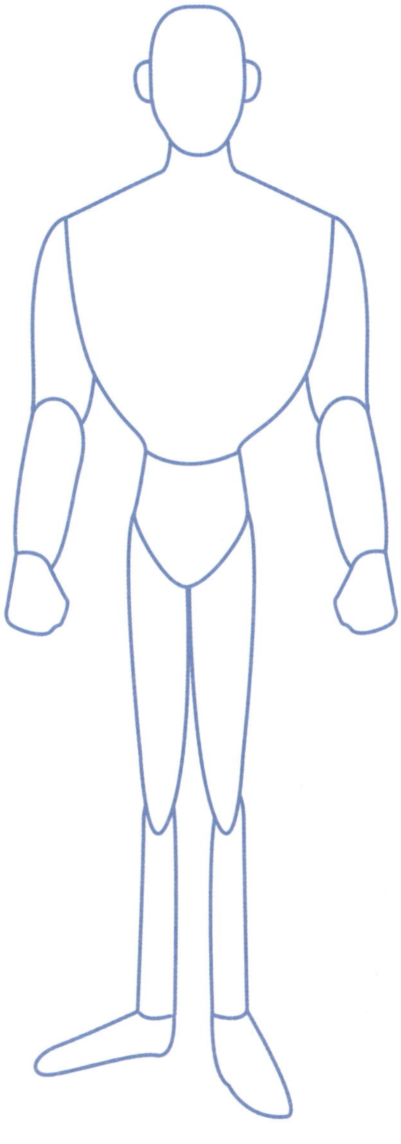

Estrutura da cabeça

Se você usar as proporções reais da cabeça humana como base, poderá exagerar, deformar, encolher ou ampliar algumas características para criar personagens com estilos diferentes.

PROPORÇÕES REAIS

A estrutura fundamental da cabeça é baseada no alinhamento e na proporção dos olhos e das orelhas. Observe que o espaço entre os olhos geralmente mede o mesmo que um olho, e a largura entre as orelhas é de cinco olhos. Se você dividir o rosto em três partes, a testa, a faixa entre as sobrancelhas até a base do nariz e a faixa entre a base do nariz e o queixo têm a mesma medida.

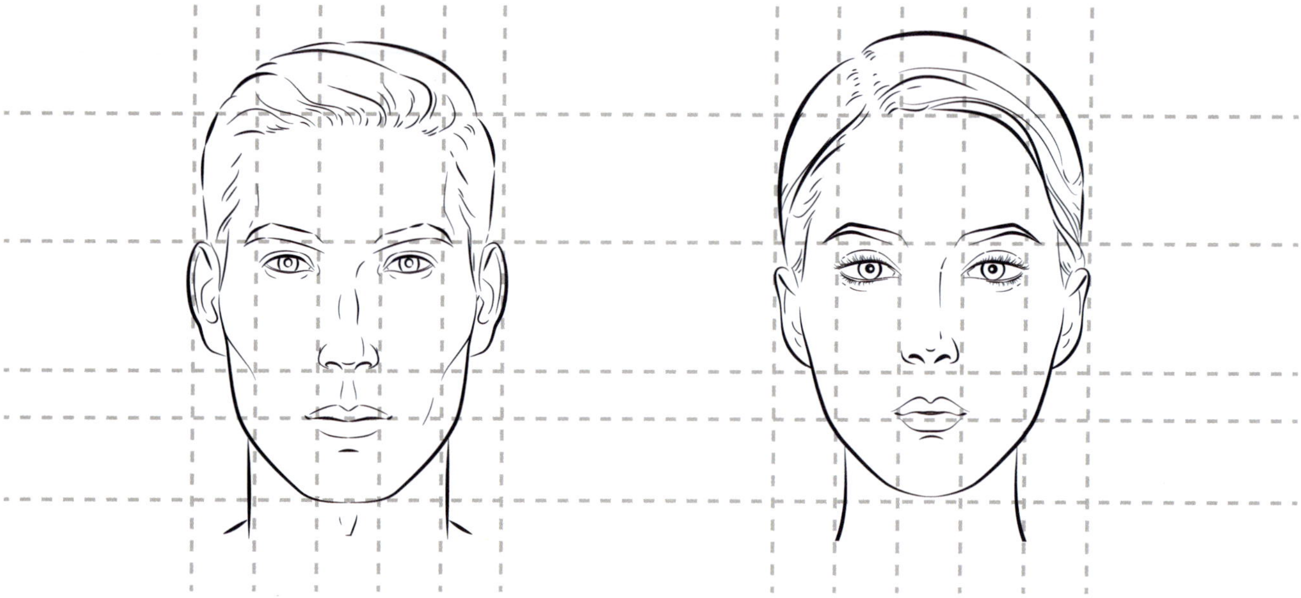

PROPORÇÕES NO MANGÁ

Observe nos exemplos a estrutura básica e os formatos das cabeças; a primeira é bem arredondada e pequena, enquanto as outras duas são mais estilizadas. Há personagens que seguem o estilo realista, alguns com linhas simples e outros com feições exageradas. Tudo depende das escolhas que você fizer com relação à estrutura de base.

Construção da cabeça

A maneira mais simples de desenhar a cabeça dos personagens é fazer um oval, dividido por um eixo vertical e um horizontal, no qual você apoiará e desenhará as características do rosto. Vamos usar diferentes figuras geométricas para criar rostos variados.

Vamos começar com o rosto de um adolescente. Siga as etapas abaixo para desenhá-lo.

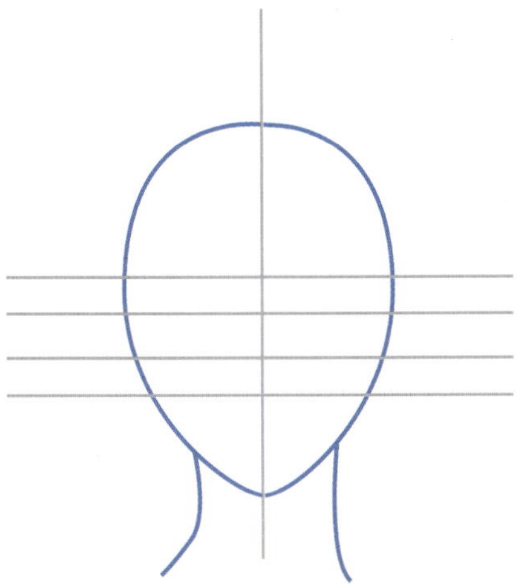

1 Desenhe uma forma oval para formar a cabeça. Acrescente o pescoço e, em seguida, desenhe um eixo vertical para dividir o rosto e um eixo horizontal que é onde os olhos ficarão, e as linhas paralelas onde as orelhas, as pálpebras e as sobrancelhas vão se encaixar.

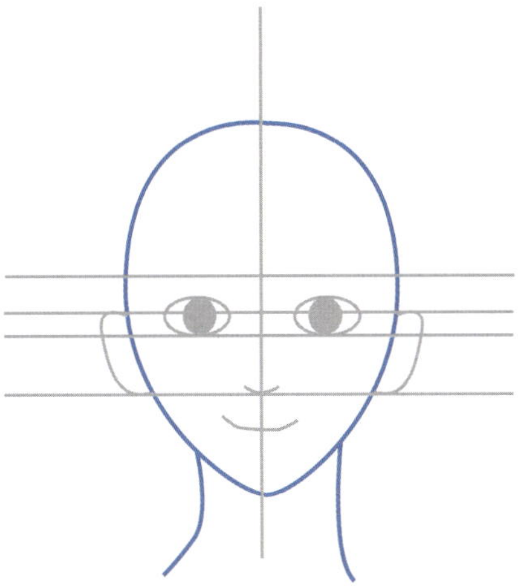

2 Desenhe o esboço das orelhas, olhos, nariz e boca.

3 Desenhe as sobrancelhas e as pálpebras. Em seguida, acrescente o cabelo de modo que ele cubra completamente o crânio e parte do rosto.

4 **LÁPIS**
Apague as linhas de base e a parte que não deve ser vista. Contorne o desenho aplicando detalhes do cabelo, da boca e do pescoço.

5 **CANETA**
Passe à caneta todas as linhas de contorno e detalhes para criar o desenho final.

6 **COLORIR**
Pinte o desenho com o material desejado e adicione realces e sombras.

Construção da cabeça com um círculo

A partir do círculo, você pode criar rostos redondos de crianças ou adultos. Sobre essa forma, você deve desenhar os eixos na horizontal e na vertical e linhas paralelas nas quais colocar as feições do rosto. Siga as etapas e desenhe personagens engraçados.

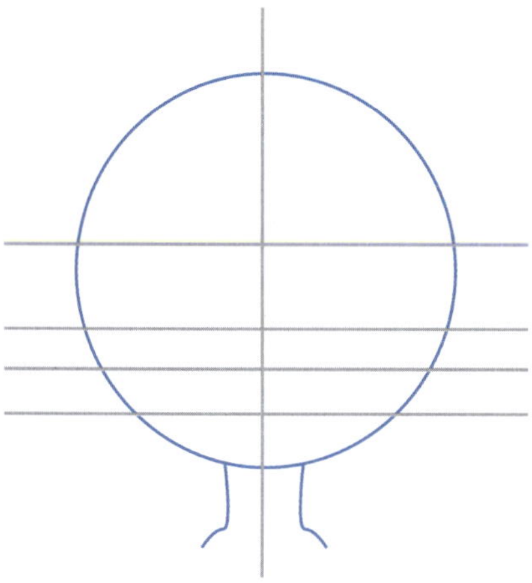

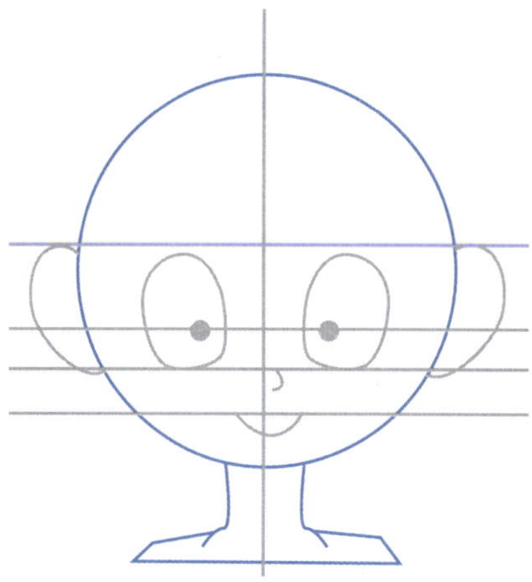

1 Desenhe um círculo para formar a cabeça. Acrescente o pescoço e, em seguida, desenhe um eixo vertical para dividir o rosto, e um eixo horizontal onde os olhos ficarão e também as linhas paralelas onde as orelhas, as pálpebras e as sobrancelhas serão colocadas.

2 Desenhe o esboço das orelhas, olhos, nariz e boca.

3 Desenhe as sobrancelhas, as pálpebras e a íris. Em seguida, acrescente o cabelo de modo que ele cubra o crânio e parte do rosto.

4 **LÁPIS**
Apague as linhas de base e contorne o desenho. Aplique os detalhes do cabelo, da boca e dos cílios.

5 **CANETA**
Passe a caneta sobre todos os contornos e detalhes para criar o desenho final.

6 **COLORIR**
Pinte o desenho com o material desejado e adicione realces e sombras.

Construção da cabeça com um círculo e um triângulo

A combinação dessas figuras lhe dá a possibilidade de desenhar rostos angulares. Para fazer isso, desenhe os eixos como aprendeu nas páginas anteriores e, depois, siga as etapas abaixo. Nesta atividade, você desenhará o rosto de um adolescente.

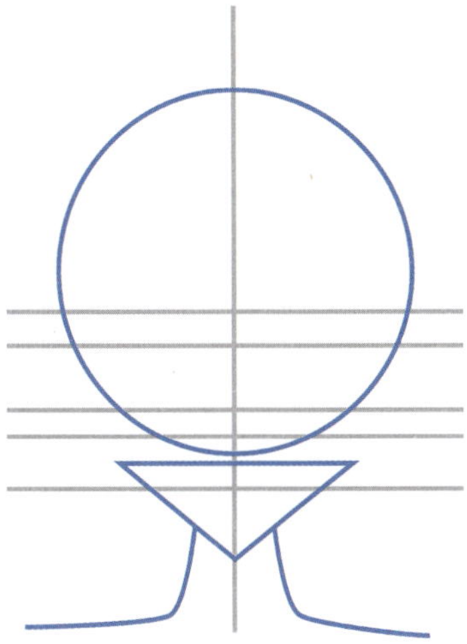

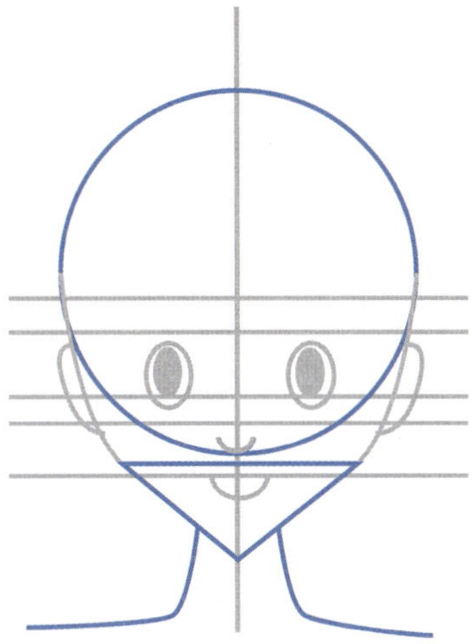

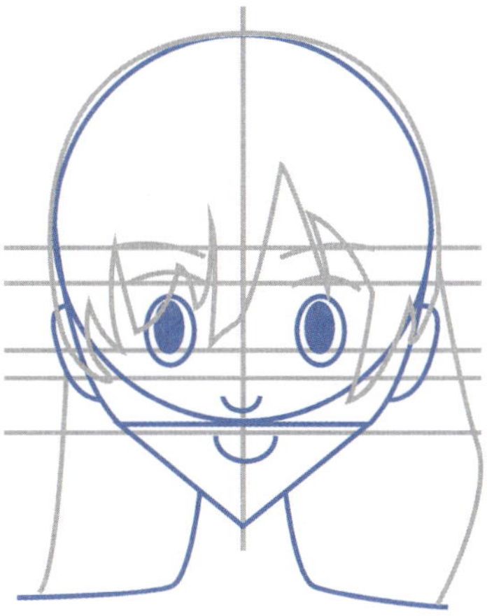

1 Desenhe um círculo para formar o crânio e um triângulo invertido para formar a mandíbula. Acrescente o pescoço e trace um eixo vertical para dividir o rosto, um eixo horizontal para apoiar os olhos e as linhas paralelas onde serão posicionadas as orelhas, as pálpebras e as sobrancelhas.

2 Desenhe, esquematicamente, as orelhas, os olhos, o nariz e a boca.

3 Desenhe as sobrancelhas e as pálpebras. Depois acrescente o cabelo de modo que ele cubra o crânio e parte do rosto.

4 **LÁPIS**
Apague as linhas de base e contorne o desenho. Aplique os detalhes.

5 **CANETA**
Passe à tinta todas as linhas de contorno e adicione os cílios para criar o desenho final.

6 **COLORIR**
Pinte o desenho com o material desejado e adicione realces e sombras.

Exagero das feições e características do rosto

Ao alterar a posição das feições no rosto e exagerar algumas de suas formas, é possível obter diferentes aparências e estilos.

CARACTERÍSTICAS INFANTIS NO ESTILO ANIME

Essas características são produzidas exagerando o formato circular do rosto, reduzindo o queixo, ampliando os olhos e reduzindo a boca e o nariz. Quanto mais próximos os olhos estiverem da boca, mais infantil será a aparência do rosto.

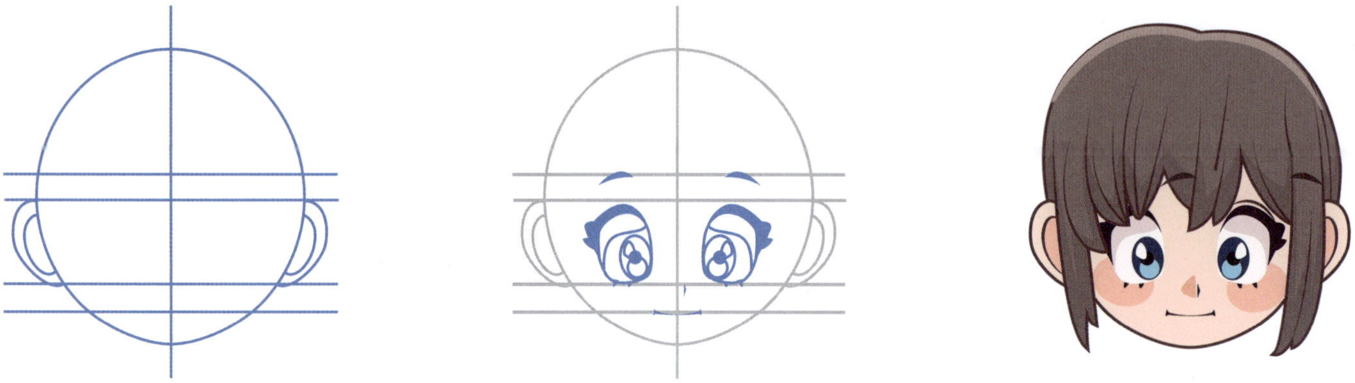

ADOLESCENTES NO ESTILO ANIME

Ao desenhar o queixo em uma forma angular, obtém-se a aparência de adolescente. A simplificação dos traços e o exagero no tamanho dos olhos e da boca criarão personagens engraçados no estilo anime.

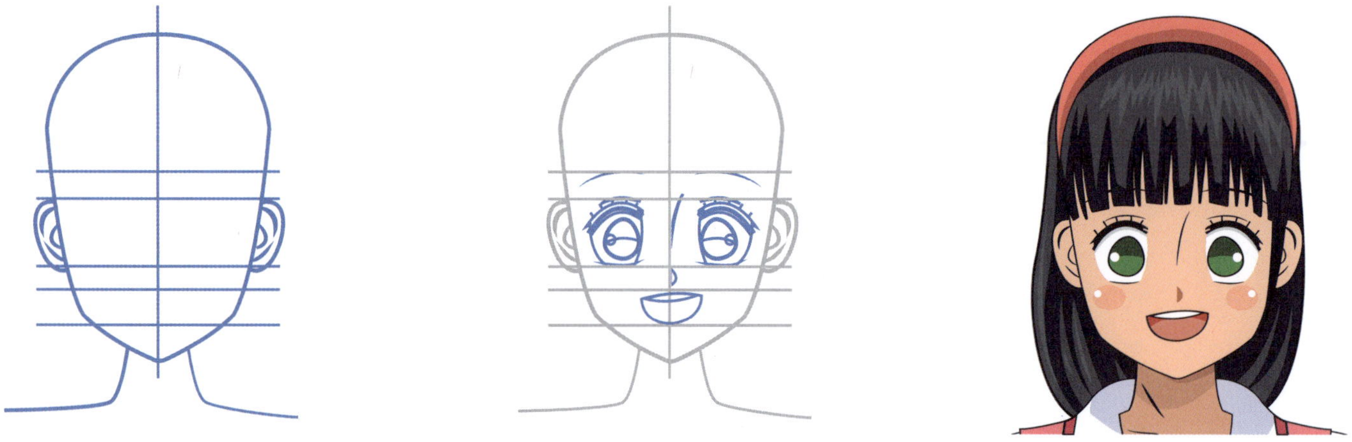

ADOLESCENTE REALISTA

Nesse personagem, apenas a forma triangular do queixo foi exagerada e as proporções do estilo realista foram mantidas, mas com traços simples.

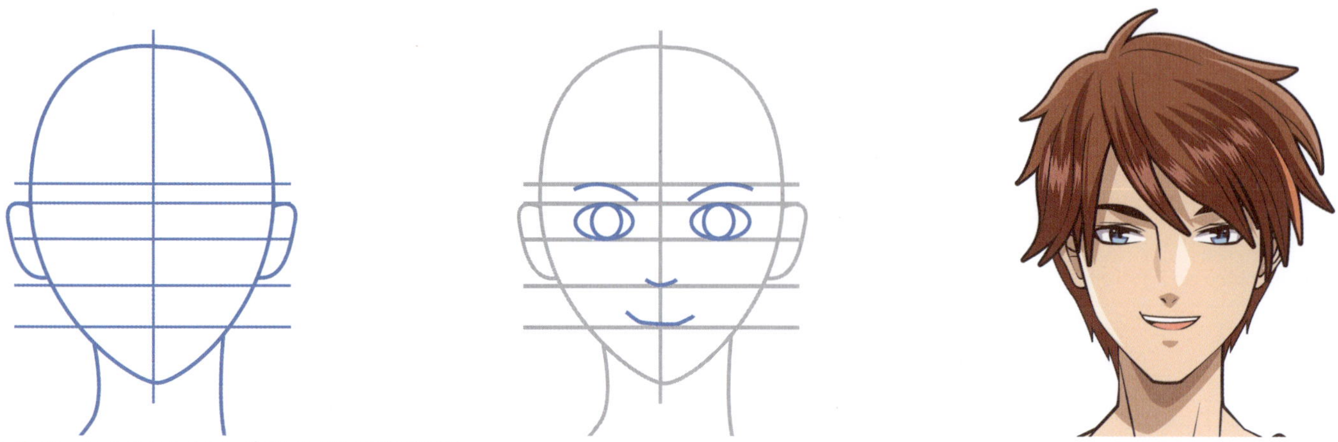

ADULTO ESTILO REALISTA

Com uma forma retangular, é possível obter um rosto com traços fortes e duros. Mantendo-se as proporções do rosto, obtém-se uma aparência realista, como no caso deste personagem.

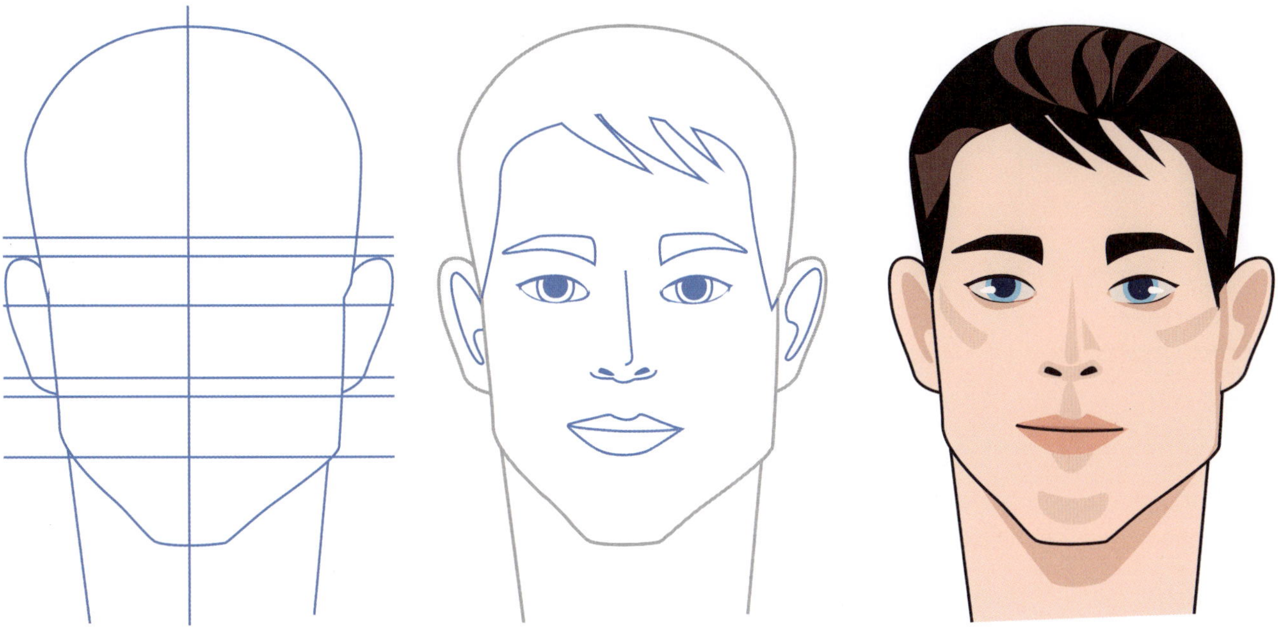

ESTILO REALISTA DE ADULTOS MAIS VELHOS

Se você exagerar as linhas das maçãs do rosto e desenhar a pele da mandíbula com linhas curvas, como se estivesse flácida, a pele vai parecer mais fina, típica de uma pessoa idosa. Você pode adicionar mais linhas curvas para simular olheiras, flacidez e rugas.

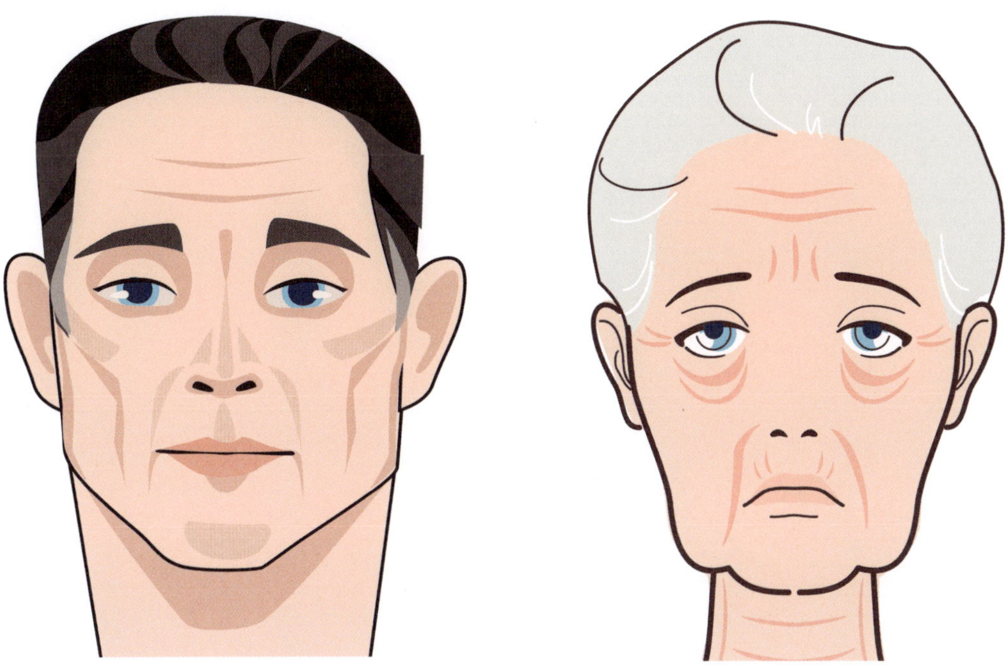

ATIVIDADE

DESENHE ROSTOS DIFERENTES NAS ESTRUTURAS SEGUINTES.
BRINQUE COM AS PROPORÇÕES E EXPERIMENTE EXAGERAR AS FORMAS DO ROSTO.

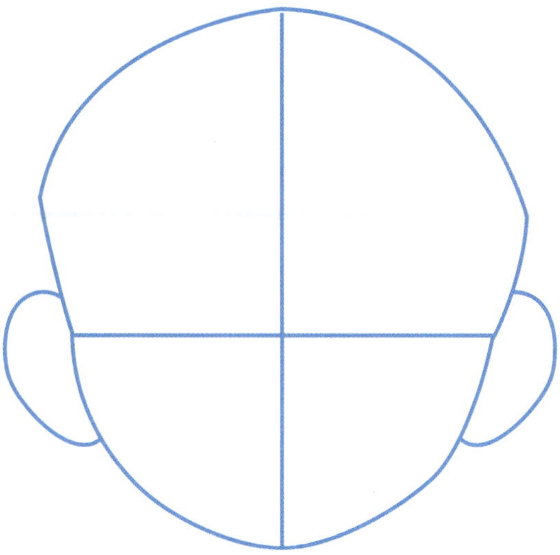

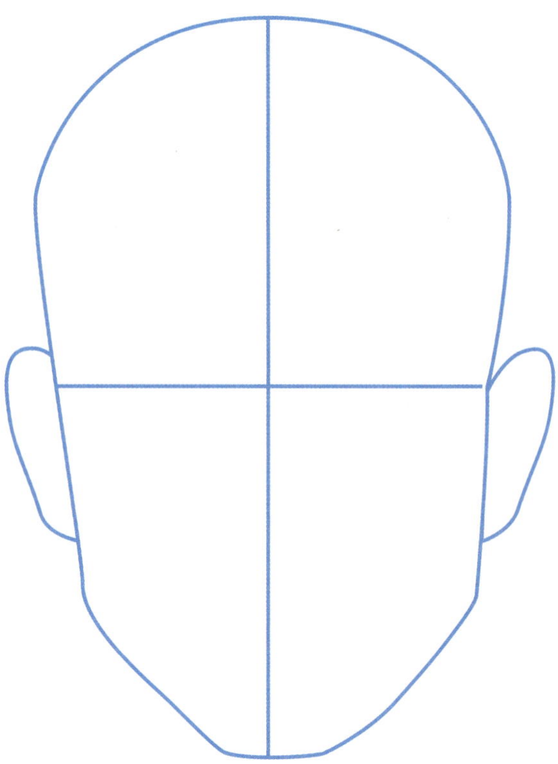

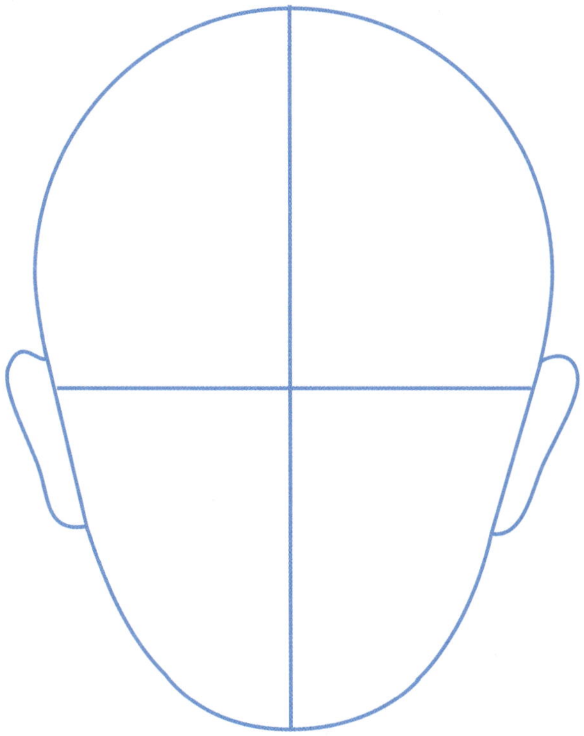

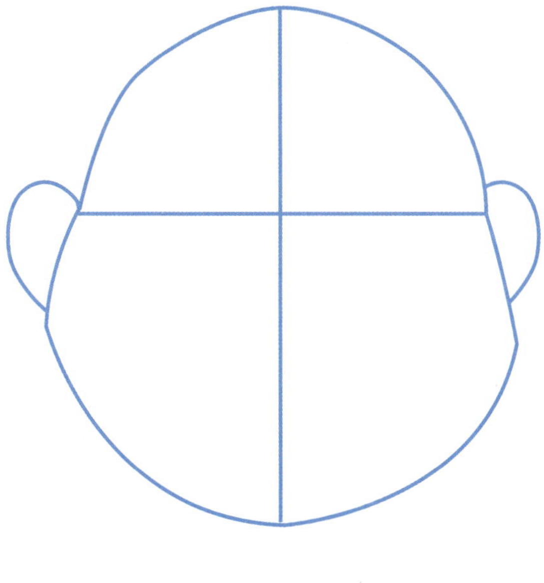

ROTAÇÃO DA CABEÇA

A cabeça deve ser pensada como uma forma redonda e tridimensional que muda conforme o ângulo a partir do qual se olha para ela.

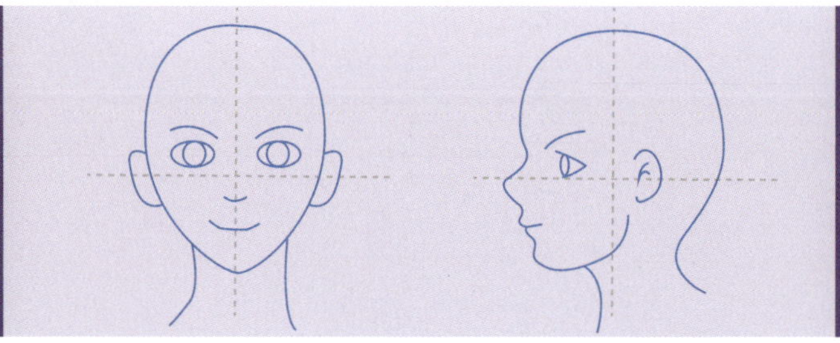

Para desenhar a cabeça com ângulos e inclinações, imagine-a como um globo ou um círculo tridimensional. Nele, é muito importante desenhar os eixos vertical e horizontal que dão volume à figura. Os olhos devem estar acima do eixo horizontal e o nariz, abaixo. Mesmo que a cabeça gire, esses elementos devem permanecer fixos no lugar, como verá a seguir.

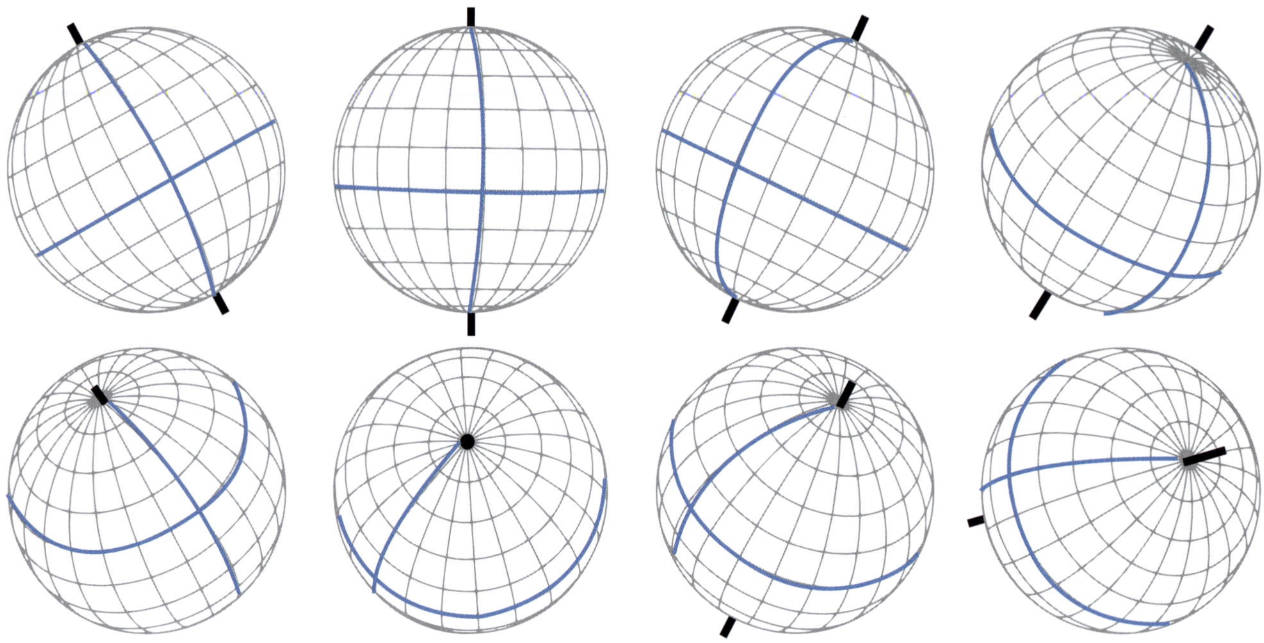

Os desenhos seguintes mostram a rotação da cabeça masculina e feminina desenhada com proporções reais.

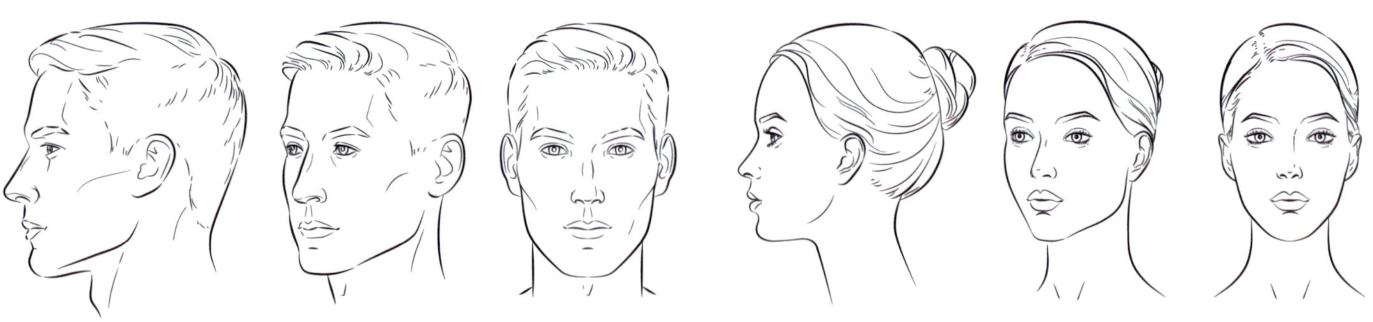

Assim se vê a rotação da cabeça e do corpo em um plano tridimensional.

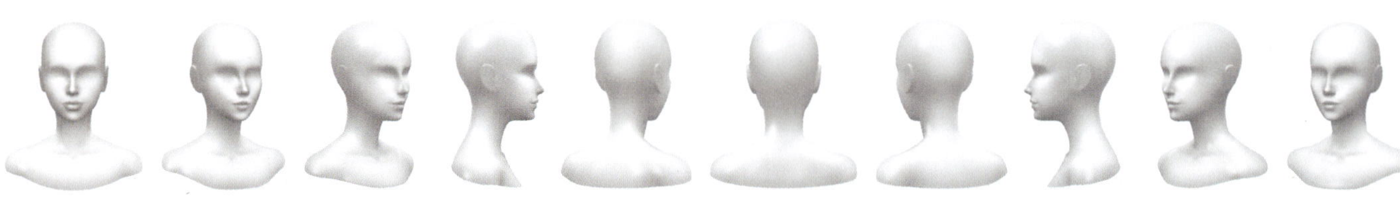

ATIVIDADE

DESENHE AS CABEÇAS DOS PERSONAGENS SEGUINTES EM DIFERENTES POSIÇÕES. LEMBRE-SE DE DESENHAR OS EIXOS VERTICAL E HORIZONTAL, QUE SÃO OS GUIAS PARA ENTENDER O MOVIMENTO DO CORPO.

OLHOS

Os olhos são muito importantes para demonstrar a personalidade do personagem, pois através deles podemos imaginar o que ele pensa e sente.

PROPORÇÕES REAIS

Antes de desenhar os olhos, você deve entender como eles são, as partes que os compõem e seu movimento. A seguir, você encontrará uma referência para criar olhos distintos em qualquer estilo de desenho.

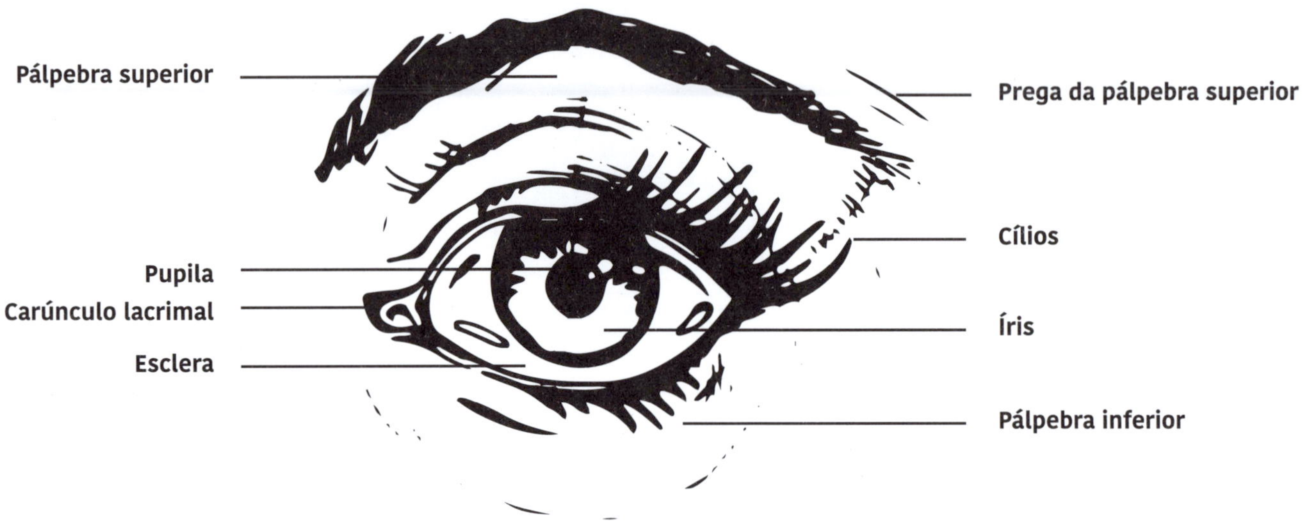

Os olhos são duas esferas tridimensionais que se movem juntas e olham na mesma direção.

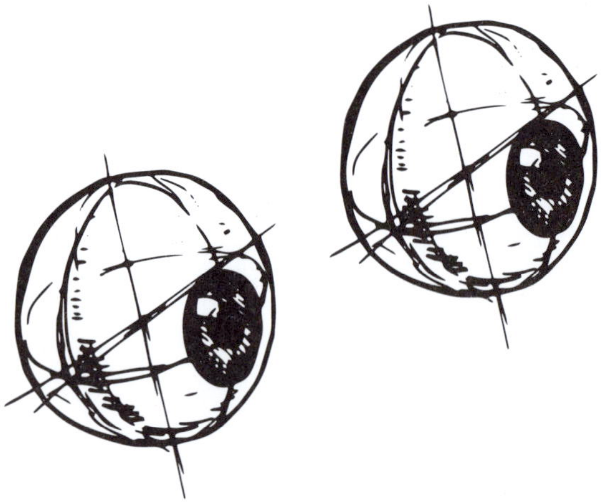

Neste exemplo, uma mulher de perfil olha para a direita.

Exemplo de um olho com pálpebra fechada.

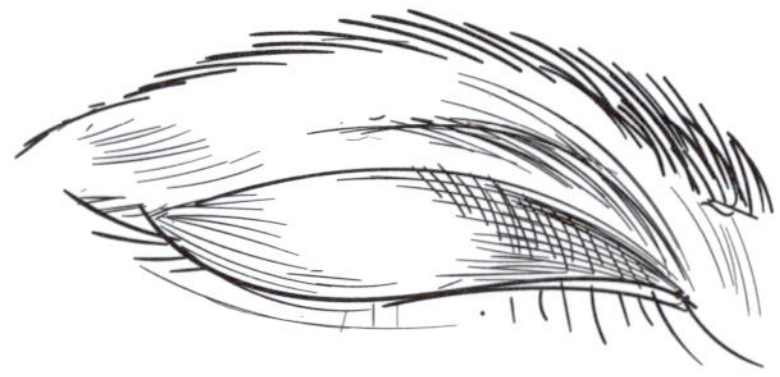

As pálpebras cobrem o olho e se movem para cima e para baixo.

Há diferentes tipos de olhos e olhares. A seguir, você encontrará um guia que pode ser usado para criar seus personagens. Basta adaptar os modelos ao seu estilo de desenho. Em geral, personagens femininas costumam ter cílios longos e personagens masculinos, cílios mais curtos e sobrancelhas grossas, mas cada personagem é diferente e tem seu próprio estilo. Solte a imaginação e use o exemplo que achar mais adequado para o seu desenho.

OLHOS COM TRAÇOS FORTES

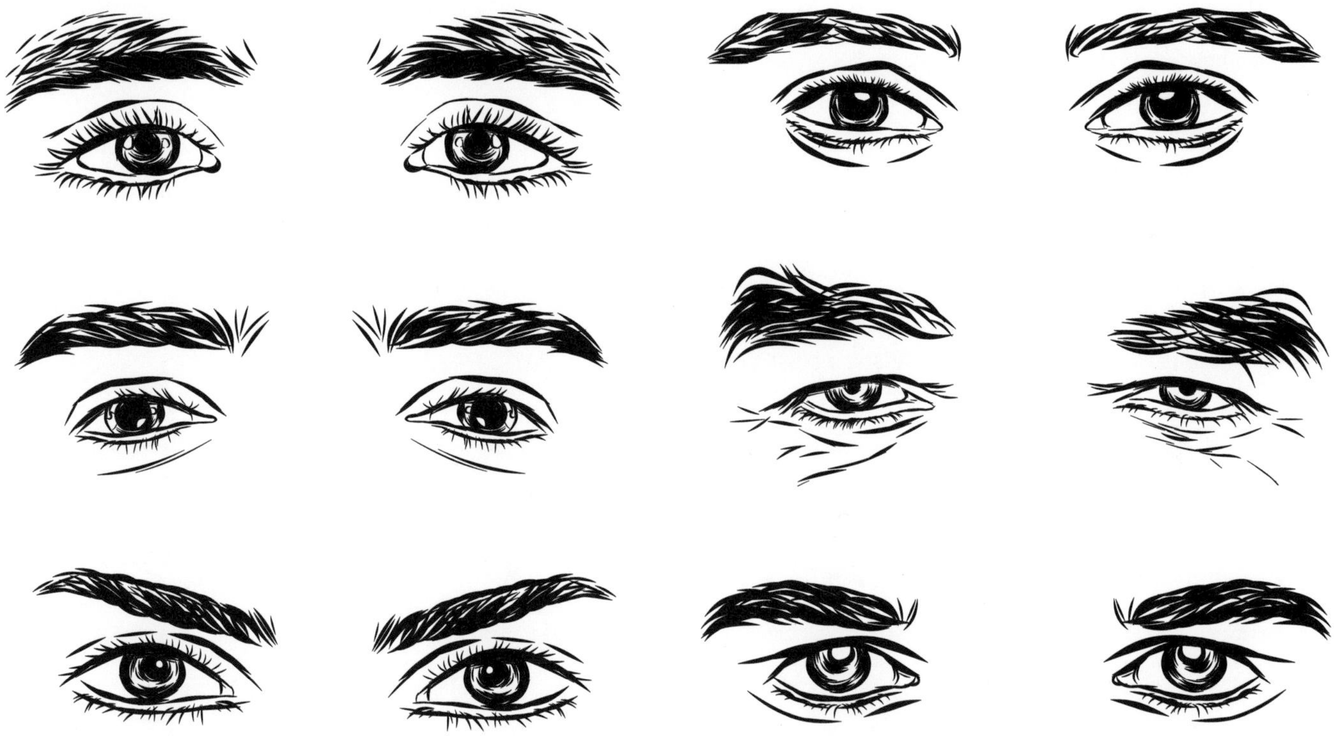

OLHOS COM TRAÇOS MAIS DELICADOS

Olhos realistas

São detalhados e muito semelhantes aos olhos reais.
Alguns preferem simplificá-los sem perder os detalhes.

Os olhos de personagens no mangá têm linhas simples e costumam não ter a complexidade dos olhos reais, embora sejam semelhantes. Alguns artistas mantêm as proporções reais e outros exageram no tamanho para obter expressividade.

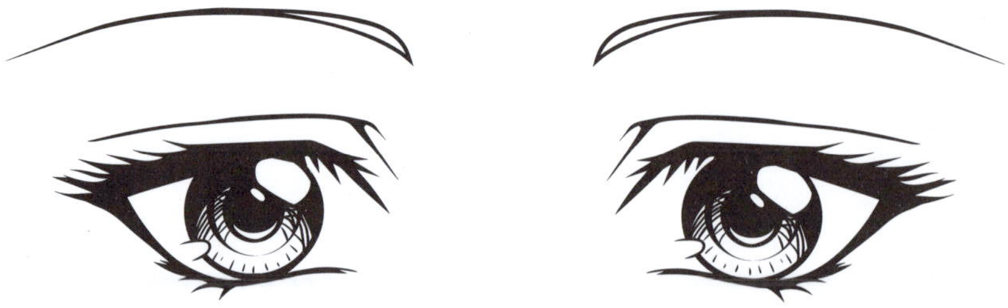

Siga estas etapas para desenhar olhos realistas no estilo mangá:

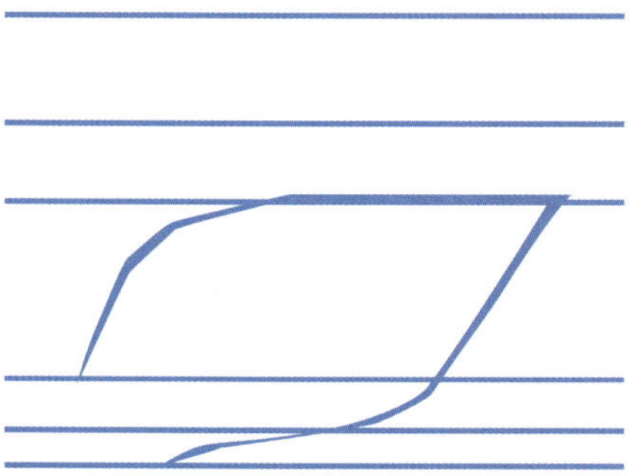

1 Desenhe o contorno do olho, deixando a linha que vai até o lacrimal em aberto (próximo ao nariz). Desenhe as guias de estrutura onde serão colocadas a sobrancelha, a pálpebra e os cílios.

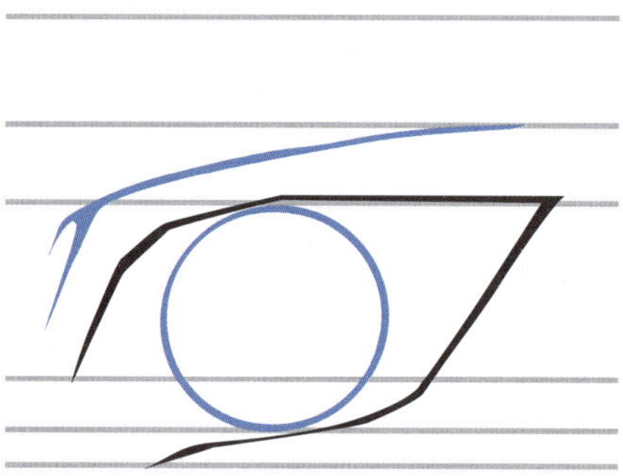

2 Desenhe a íris e a prega da pálpebra nas linhas de base.

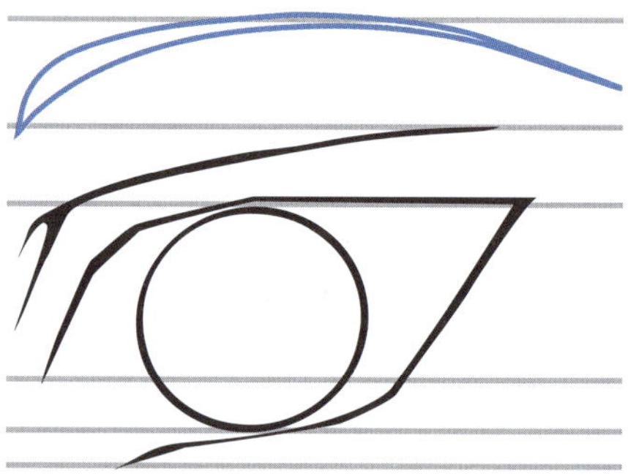

3 Desenhe o contorno da sobrancelha para completar a estrutura básica do olho.

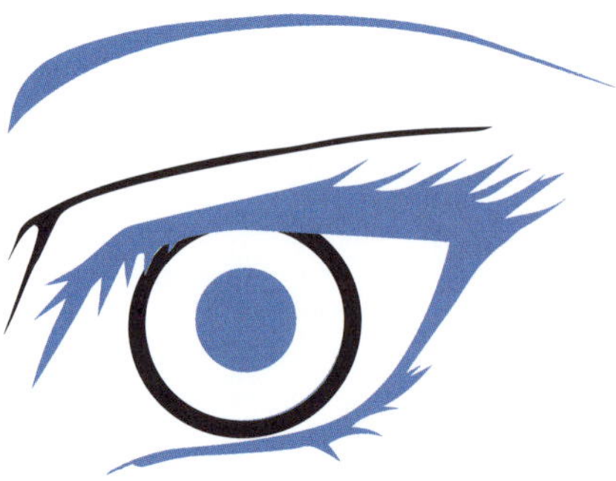

4 Desenhe a pupila e a pálpebra. Acrescente os cílios superiores e inferiores e preencha a sobrancelha.

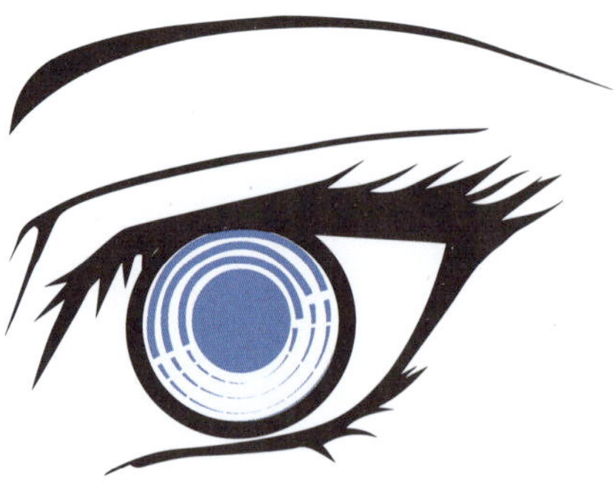

5 Faça traços escuros na parte superior da pupila (que fica na sombra) e traços menores e mais separados na parte inferior (iluminada).

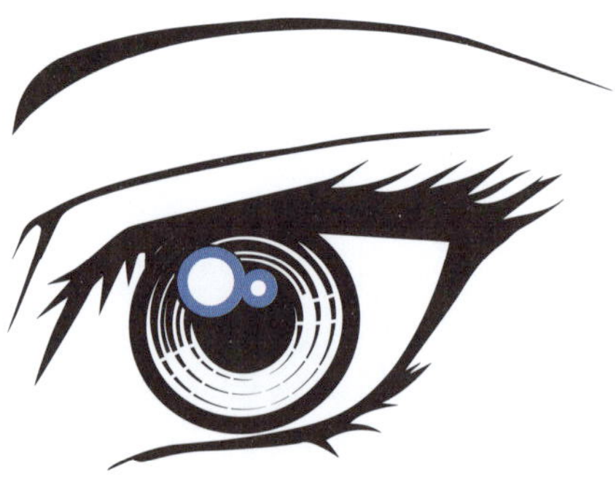

6 Adicione pequenos círculos brancos para enfatizar o reflexo do olho.

ALGUNS EXEMPLOS

Há artistas que simplificam os traços, outros que desenham os olhos com mais detalhes, com linhas retas, exageradamente finos ou grandes, mas todos mantêm as proporções reais.

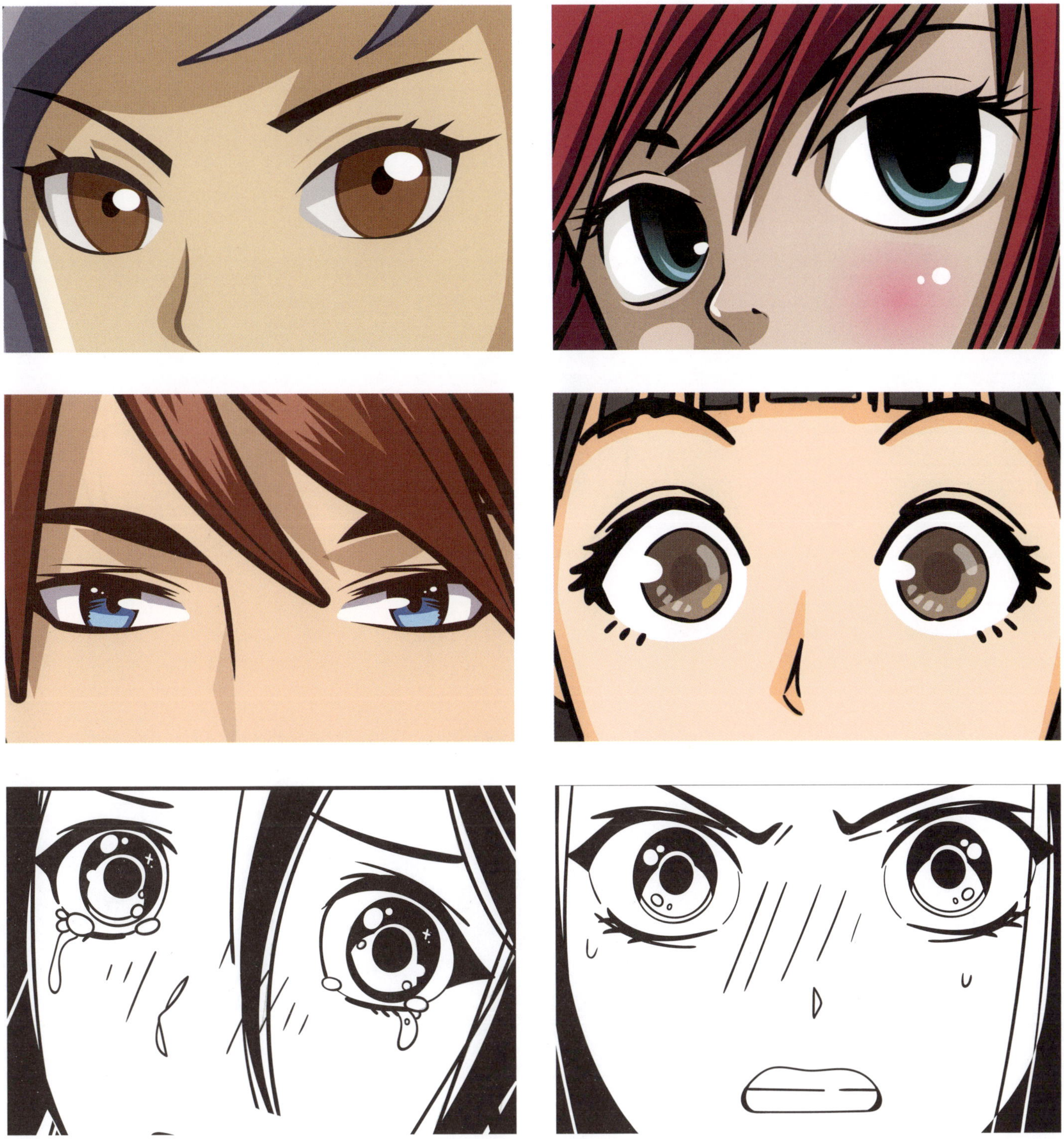

Olhos de anime

São grandes e de traçado simples. A principal característica é que a pupila é exagerada e ocupa quase todo o olho.

Os olhos no estilo anime são arredondados, simples e grandes demais para enfatizar a expressão.
Em geral, eles têm a pupila pequena e o tamanho da íris é exagerado. Se forem olhos femininos, os cílios geralmente são grossos e bem marcados.

Siga estas etapas para desenhar olhos no estilo mangá:

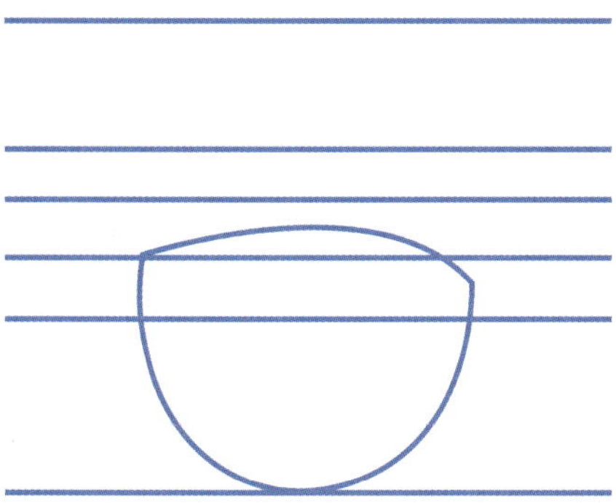

1 Desenhe o contorno do olho e trace as guias de estrutura onde a sobrancelha, a pálpebra e os cílios serão inseridos.

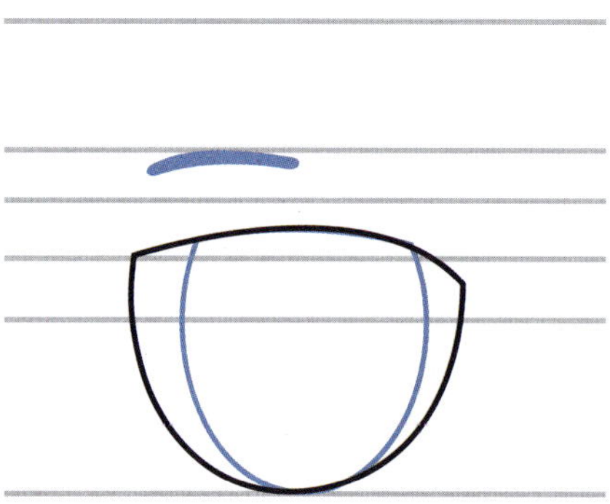

2 Desenhe a íris e a prega da pálpebra sobre as linhas de base.

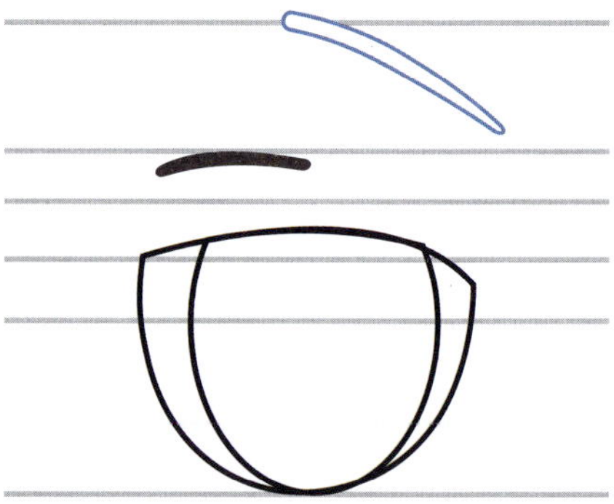

3 Desenhe o contorno da sobrancelha para completar o desenho básico do olho.

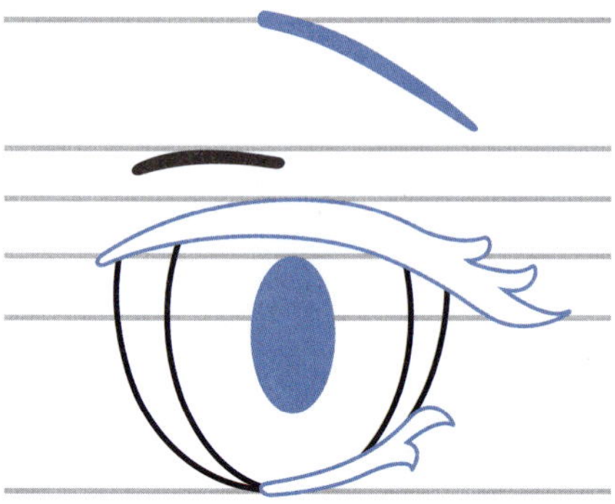

4 Para começar com os detalhes, desenhe a pupila, a pálpebra, acrescente os cílios superiores e inferiores e preencha a sobrancelha.

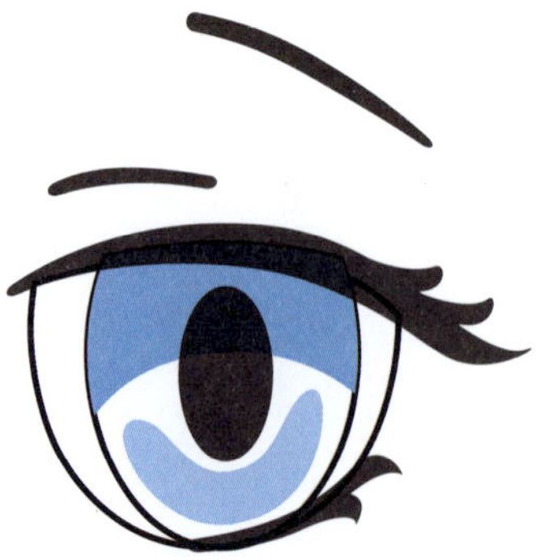

5 Desenhe uma área escura na parte superior da íris (que fica na sombra) e uma área mais clara na parte inferior (iluminada).

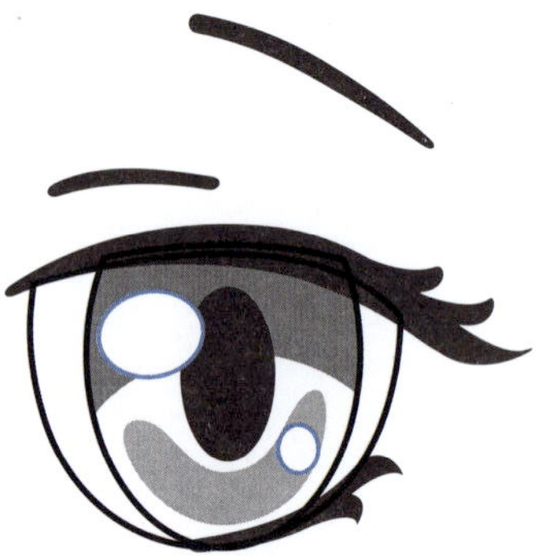

6 Para finalizar, adicione pequenos círculos brancos para destacar o reflexo do olho.

ALGUNS EXEMPLOS

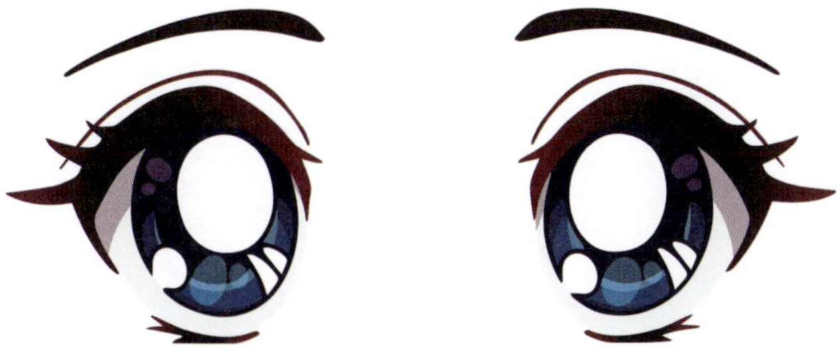

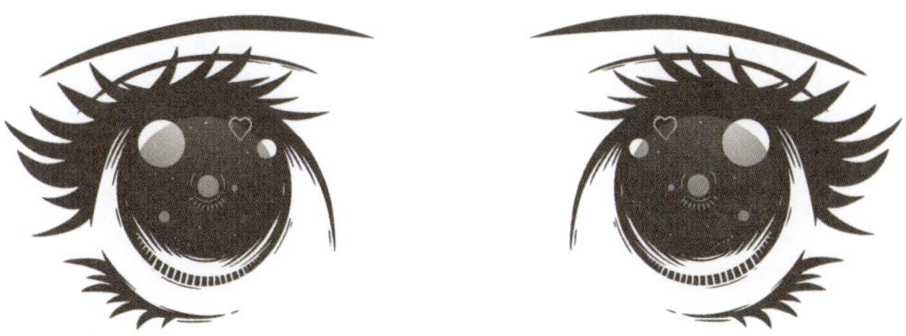

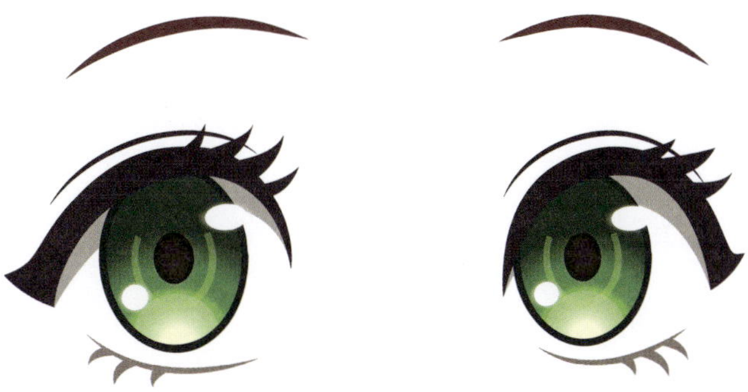

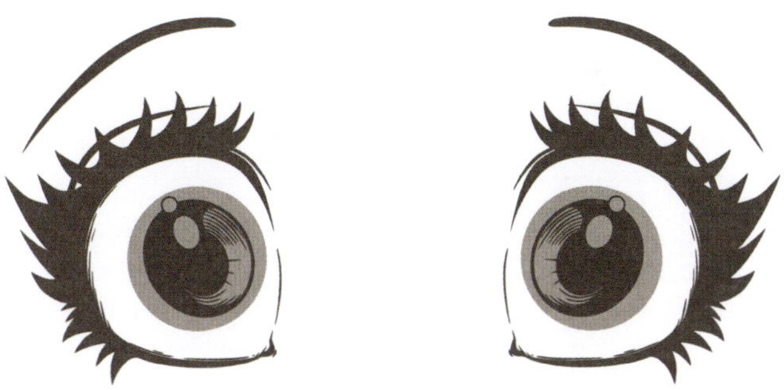

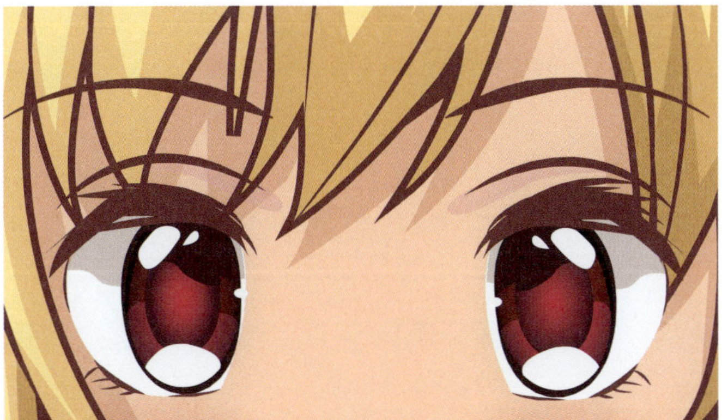

Características do rosto

Em geral, os artistas simplificam essas características o máximo possível. Alguns desenham mais detalhes que outros, sempre trabalhando com linhas simples.

Para simplificar os traços e torná-los expressivos, deve-se prestar atenção às curvas mais representativas. É importante respeitar a orientação e as proporções do nariz, da boca e das orelhas para que o rosto do personagem pareça equilibrado. Nas ilustrações a seguir, é possível ver como as características são simplificadas a partir das características reais.

PROPORÇÕES REAIS

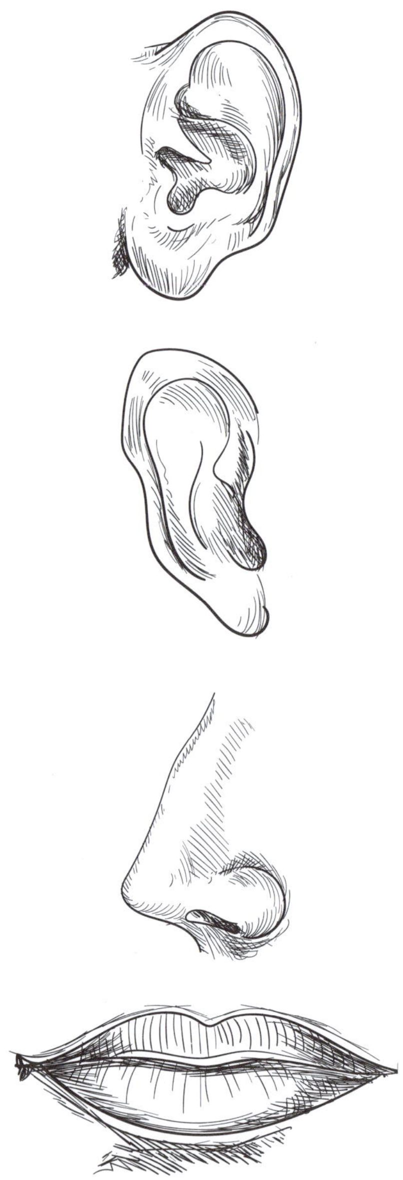

PROPORÇÕES REAIS | **MANGÁ OU ANIME**

Mulheres

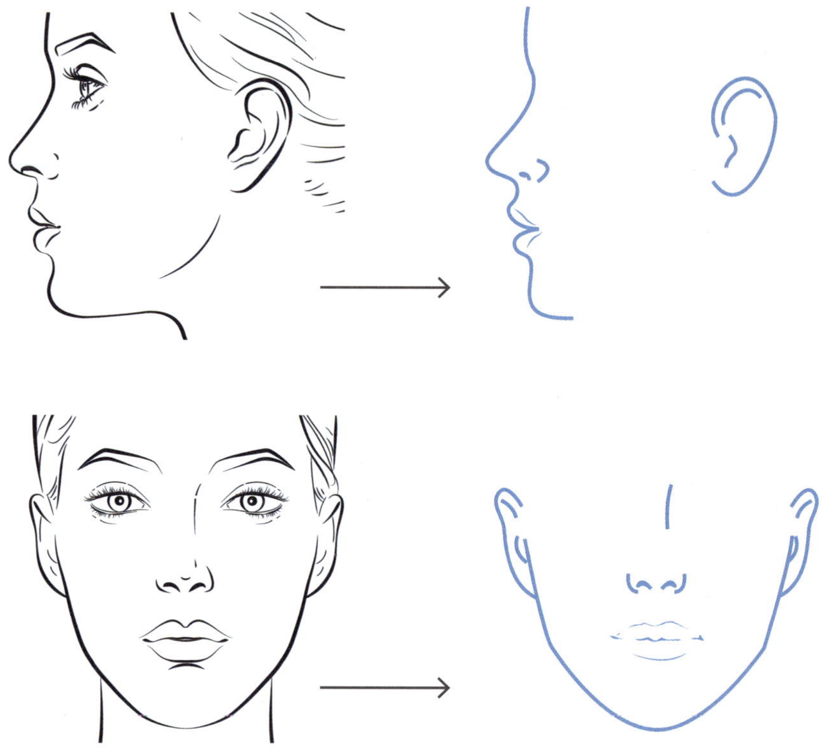

Homens

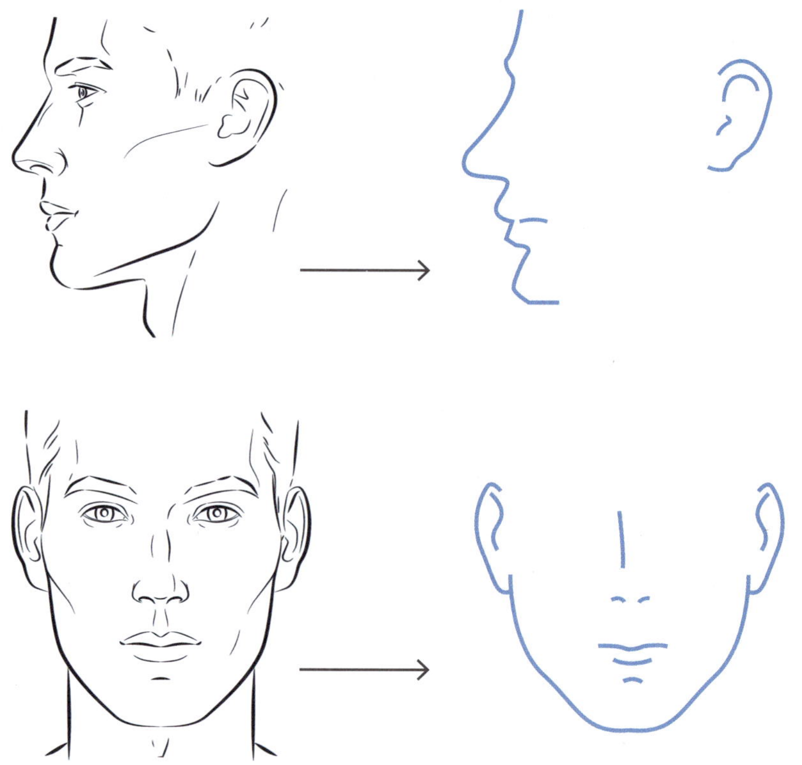

ALGUNS EXEMPLOS

Expressões faciais

Representar a expressão do personagem é uma das tarefas mais complicadas, pois é necessário desenhar o formato dos olhos e da boca com precisão para capturar o movimento de forma correta.
Observe as características e crie seus próprios modelos e estilos.

Use as ilustrações a seguir como referência para usar em suas criações. Observe que, quando os músculos do rosto se movem ao falar, rir ou chorar, o nariz sempre permanece fixo, enquanto a boca fica maior, menor e, às vezes, distorcida.
Faça diferentes caretas na frente do espelho para ver os movimentos com mais clareza.

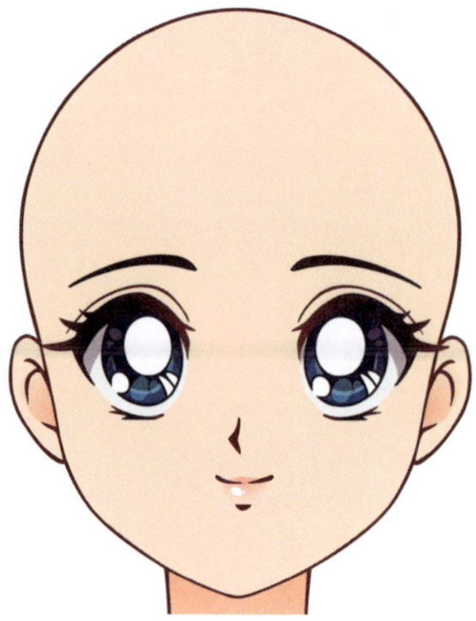

Bondade - Sorriso

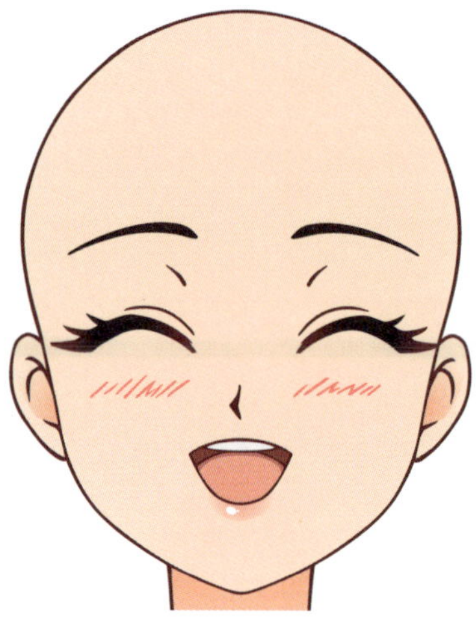

Alegria - Riso

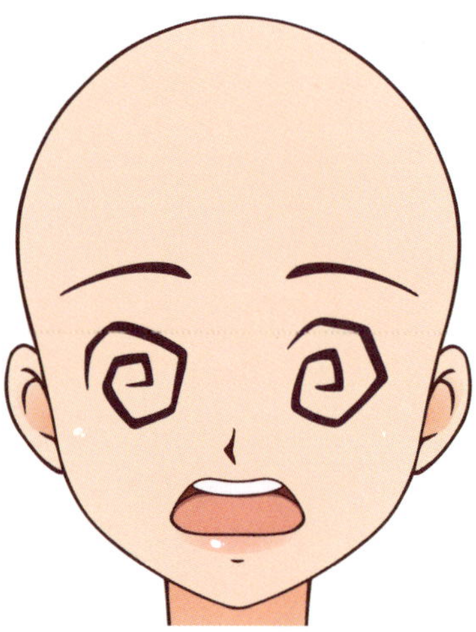

Terror - Medo

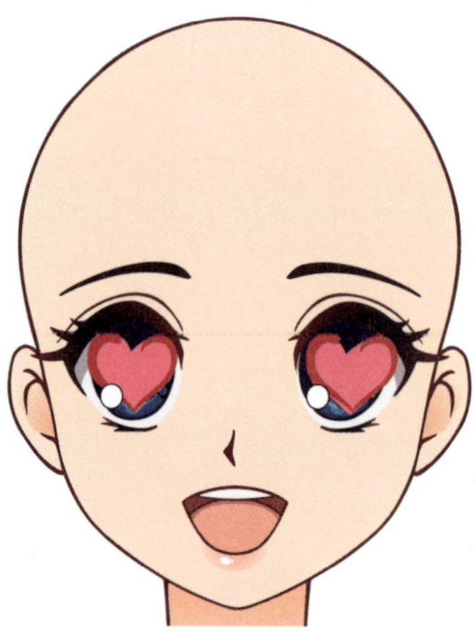

Amor - Paixão

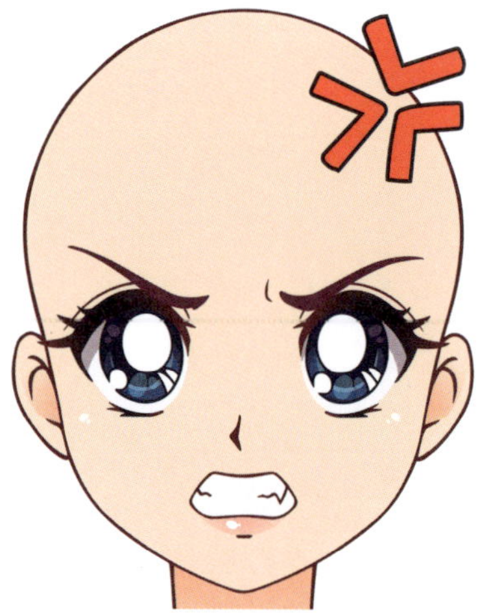

Irritação

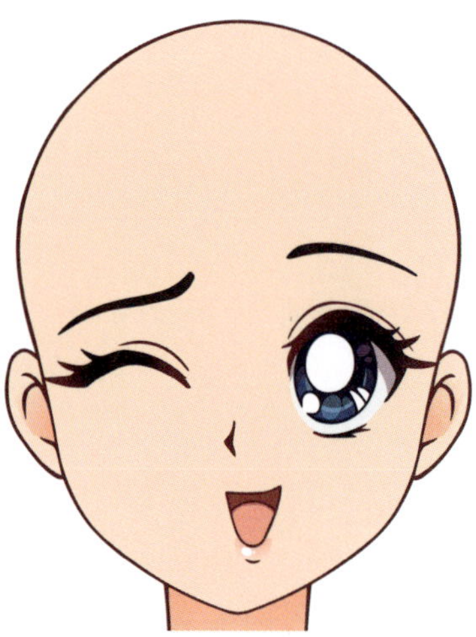

Piscadela - Travessura

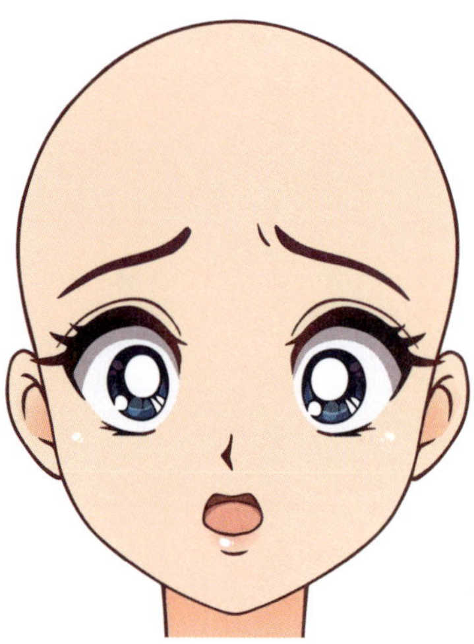

Tristeza - Arrependimento

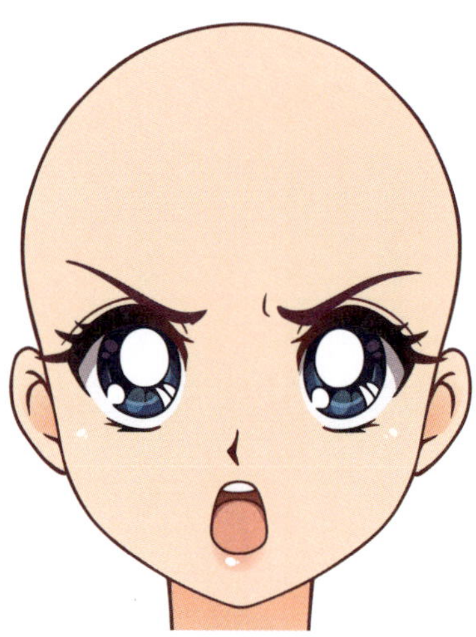

Raiva

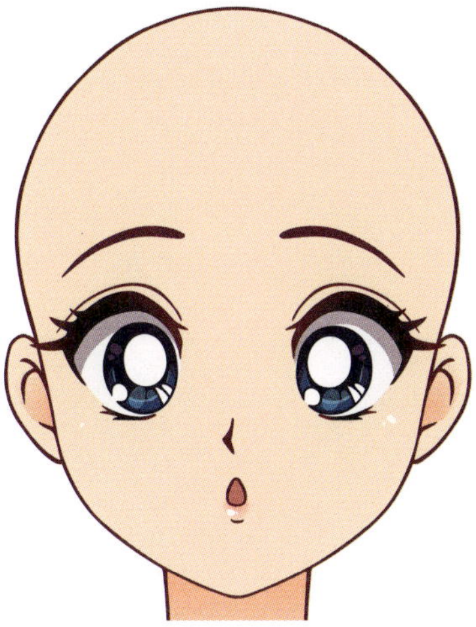

Surpresa

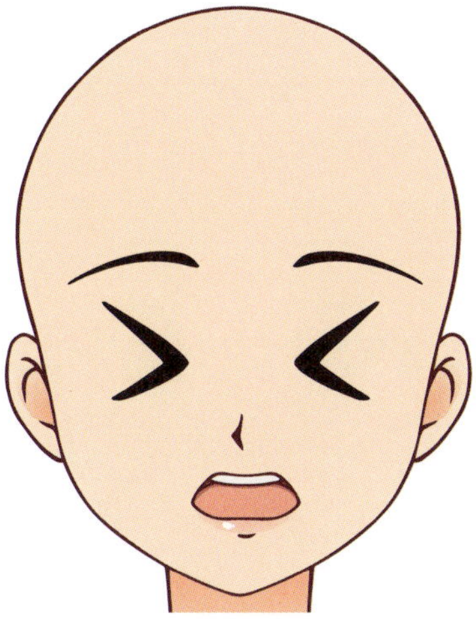

Pessimismo - Desconforto

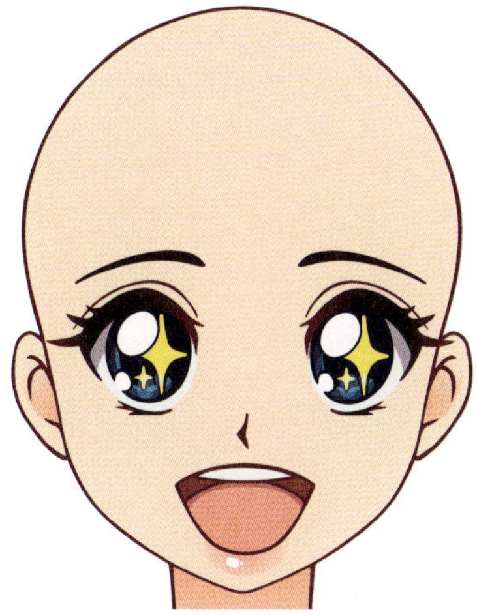

Entusiasmo - Alegria

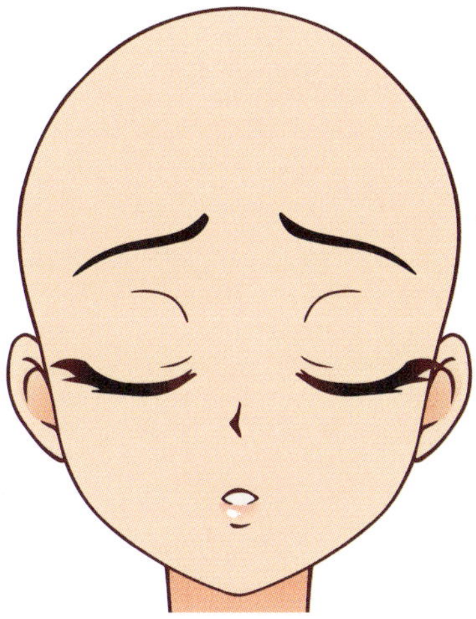

Tristeza - Cansaço

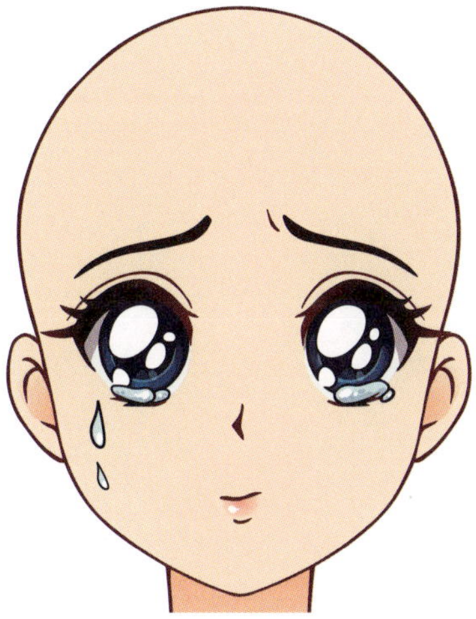

Choro - Melancolia

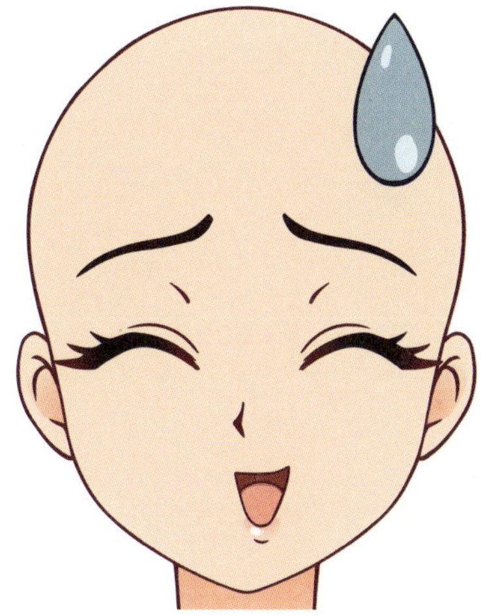

Alívio

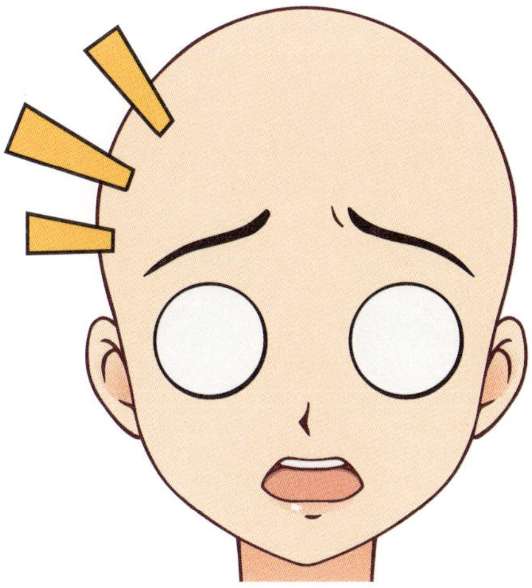

Susto - Perplexidade

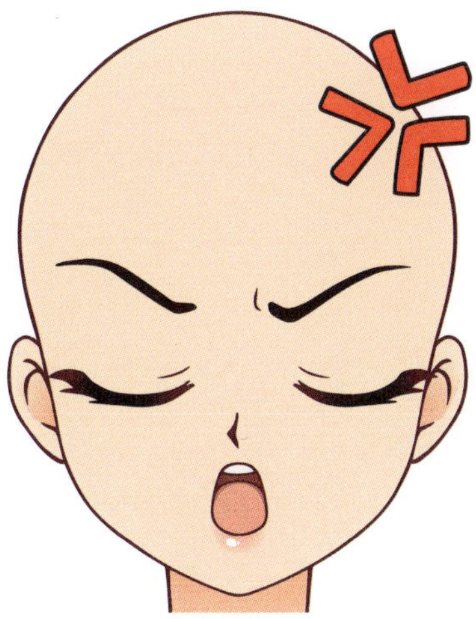

Raiva

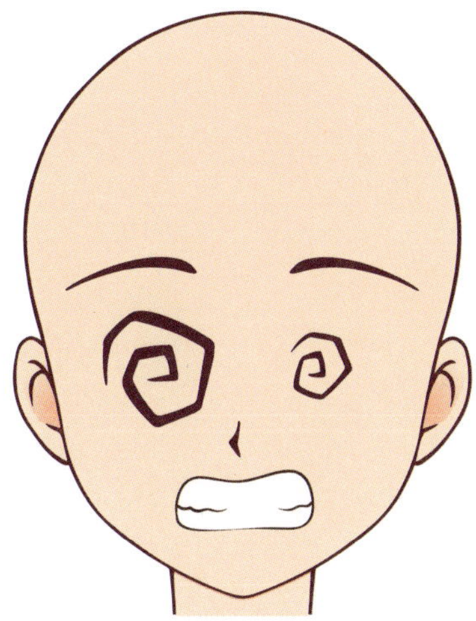

Ira - Dor

Aqui estão mais alguns exemplos de expressões faciais para você usar como referência ao pensar nas características e no estilo de seus personagens.

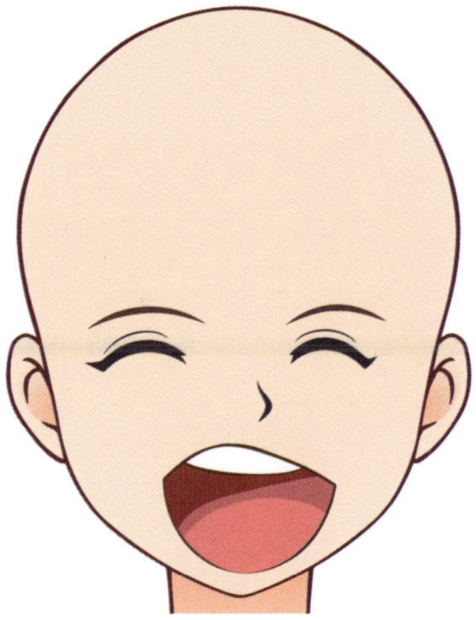

Gargalhada

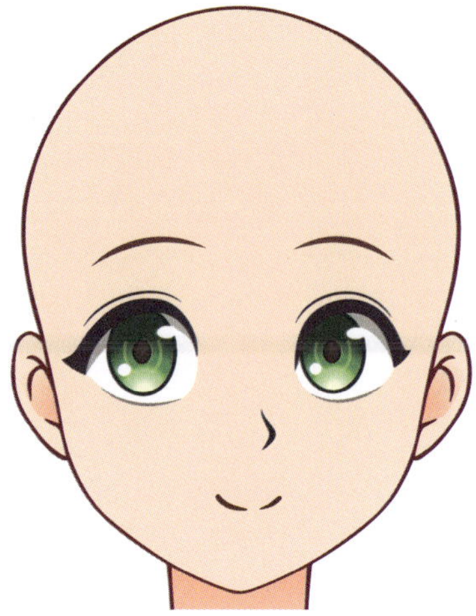

Bondade - Sorriso

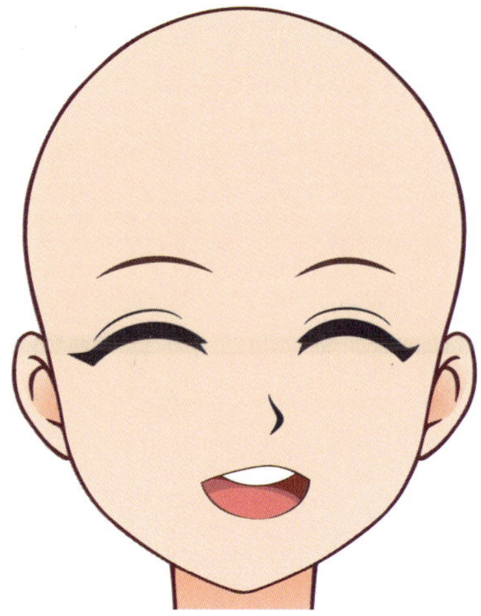

Alegria - Riso

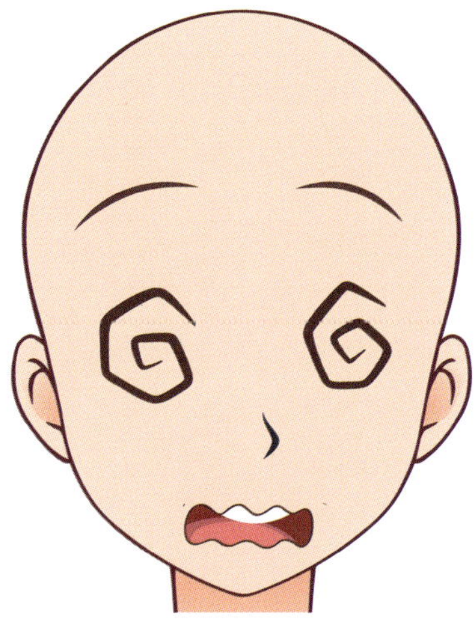

Terror - Medo

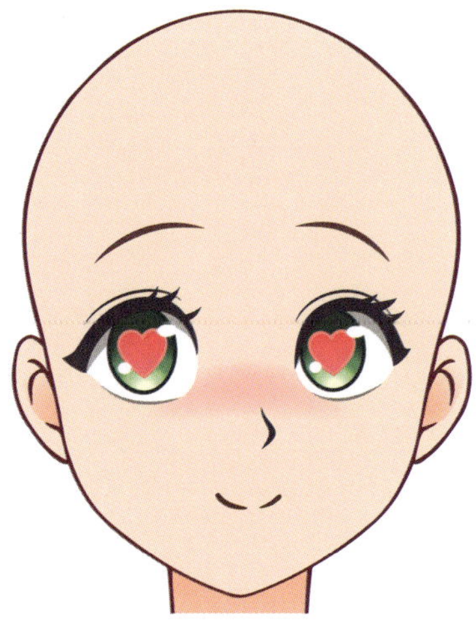

Amor - Paixão

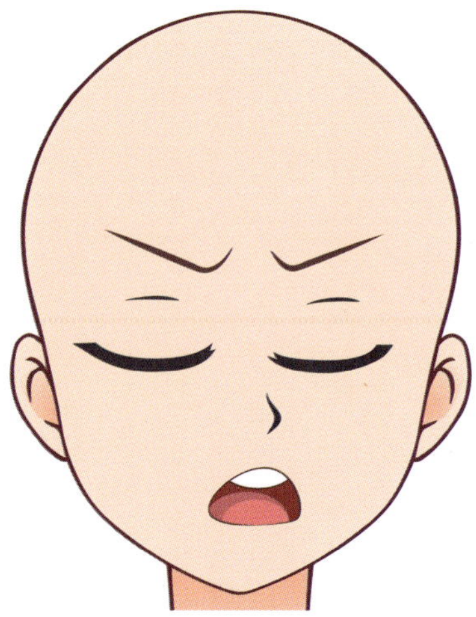

Irritação

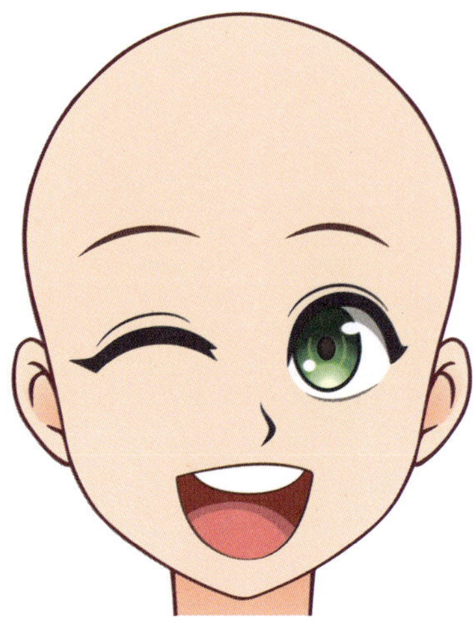

Piscadela - Travessura

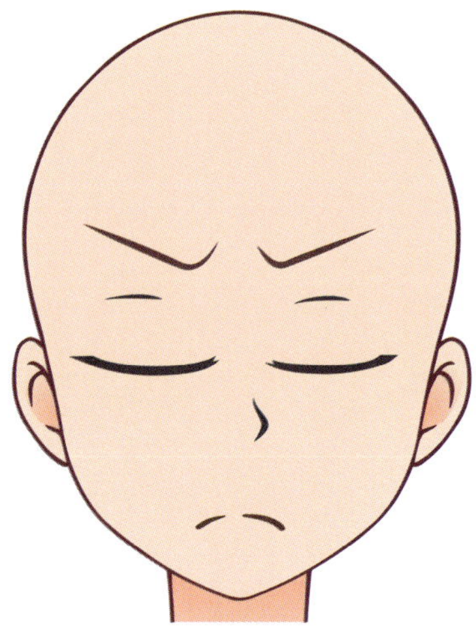

Tristeza - Arrependimento

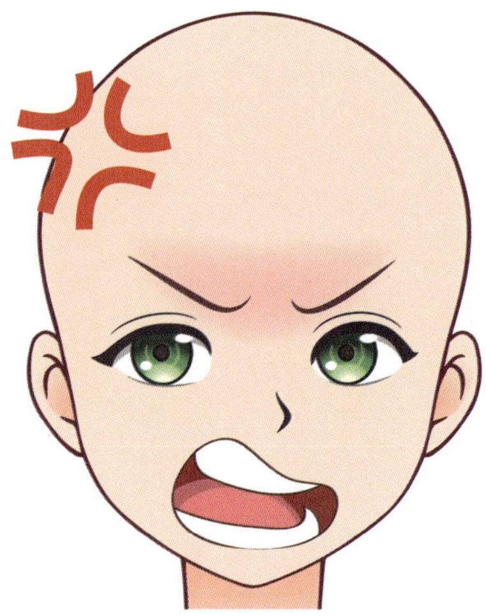

Raiva

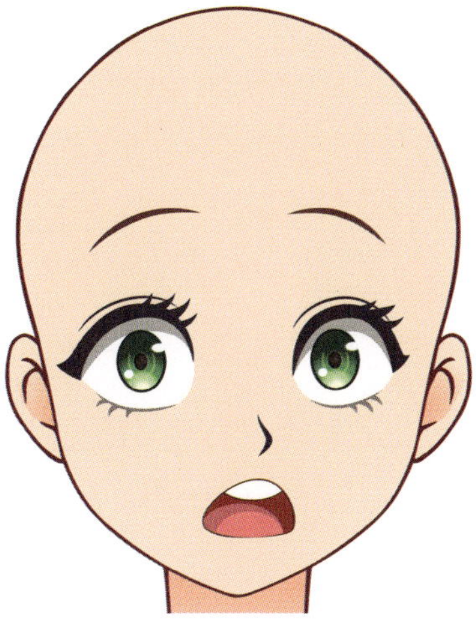

Surpresa

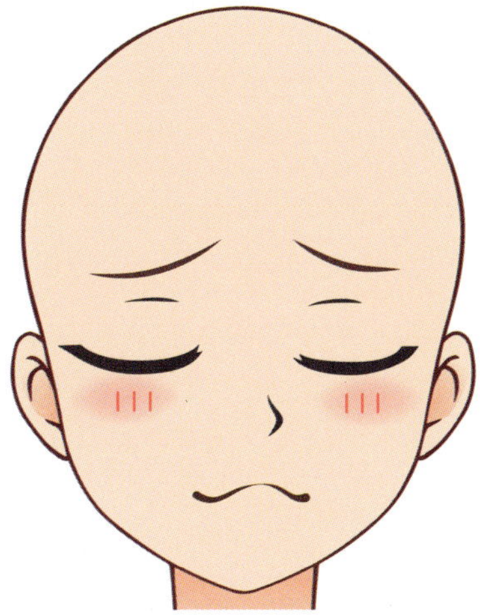

Pessimismo - Desconforto

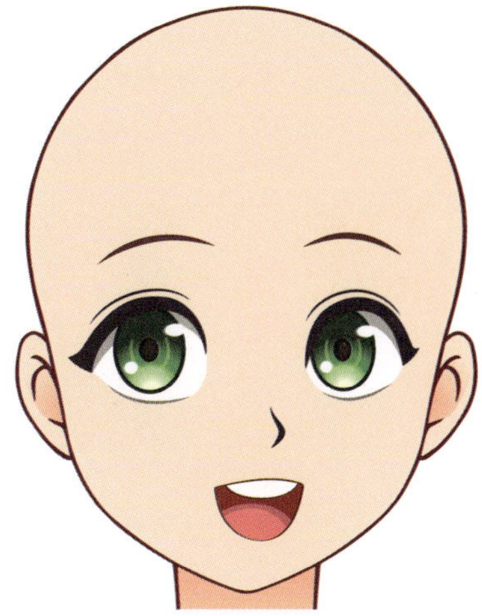

Entusiasmo - Alegria

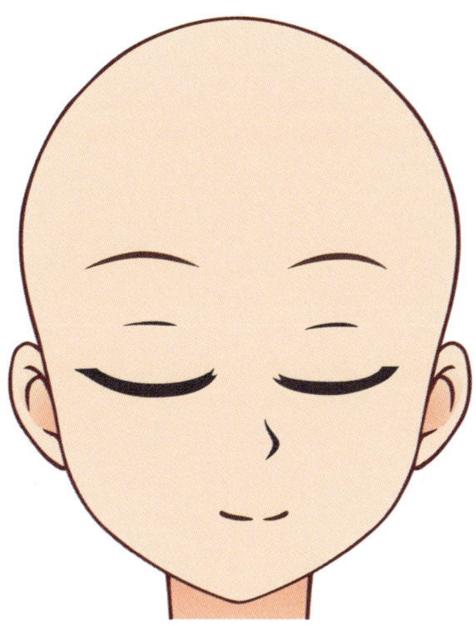

Tristeza - Cansaço

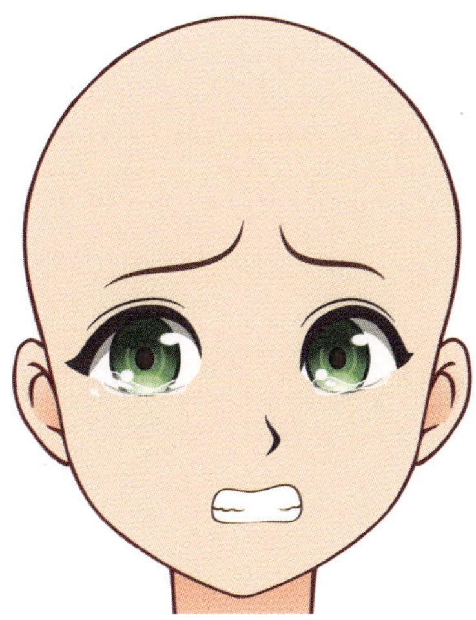

Choro - Melancolia

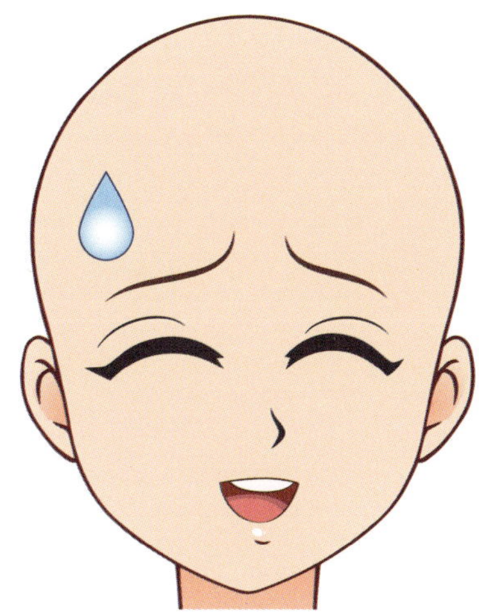

Alívio

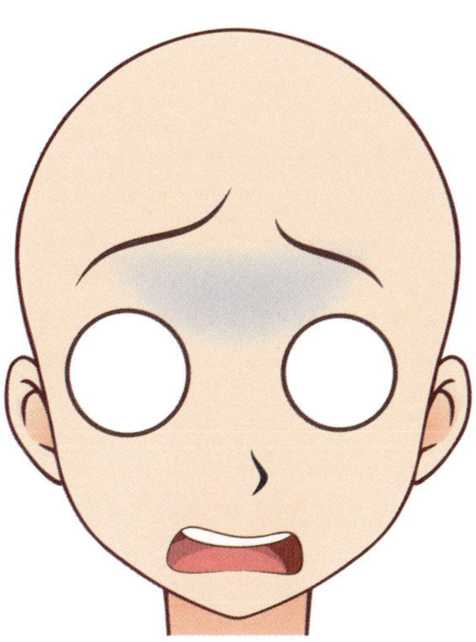

Medo - Perplexidade

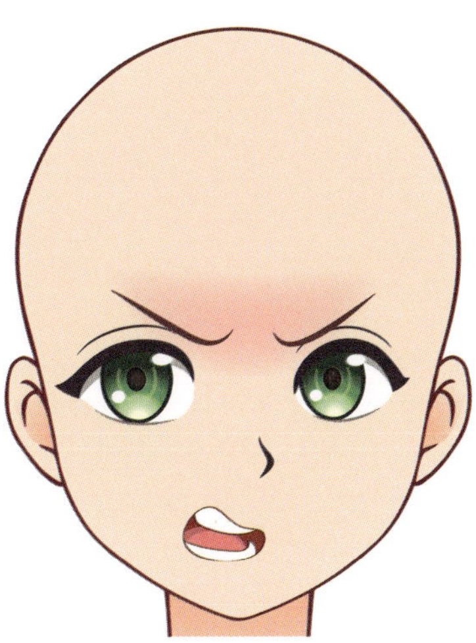

Raiva

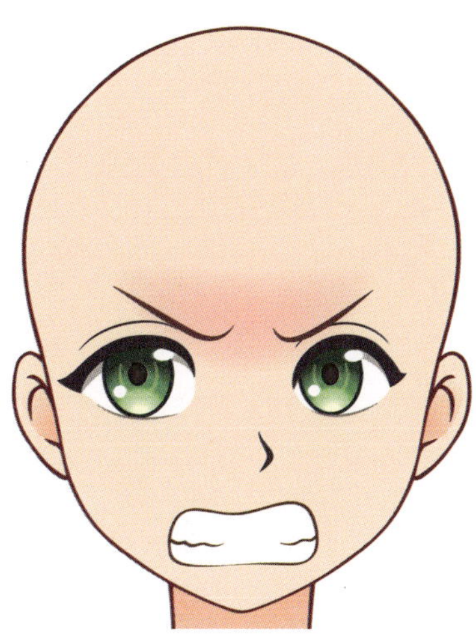

Ira - Dor

ATIVIDADES

OS DESENHISTAS PROFISSIONAIS COSTUMAM TRABALHAR EM FRENTE A UM ESPELHO, ONDE PODEM ESTUDAR DIFERENTES EXPRESSÕES. TAMBÉM É IMPORTANTE OBSERVAR OUTRAS PESSOAS PARA CRIAR NOVAS ATITUDES E EMOÇÕES.

Escreva uma lista de expressões, atitudes e emoções neste espaço.

Crie cabeças com diferentes formas e, em seguida, complete-as desenhando expressões exageradas. Observe seu personagem ganhar vida!

Agora, em frente ao espelho, recrie as expressões que você escreveu na lista da atividade e tente desenhá-las nos modelos de rosto abaixo. Preste atenção aos detalhes das feições, altura, movimento e formato dos olhos, sobrancelhas e boca.

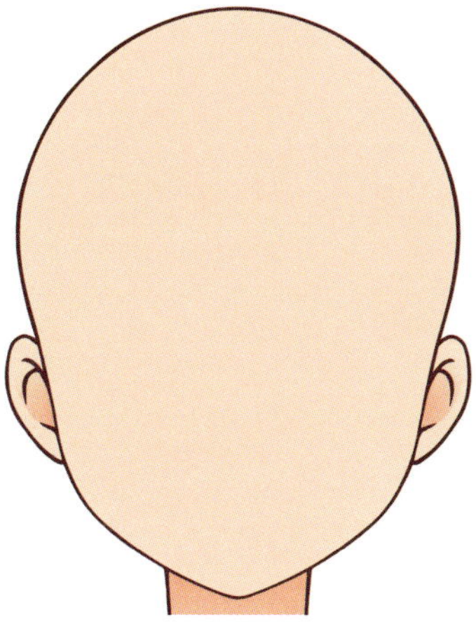

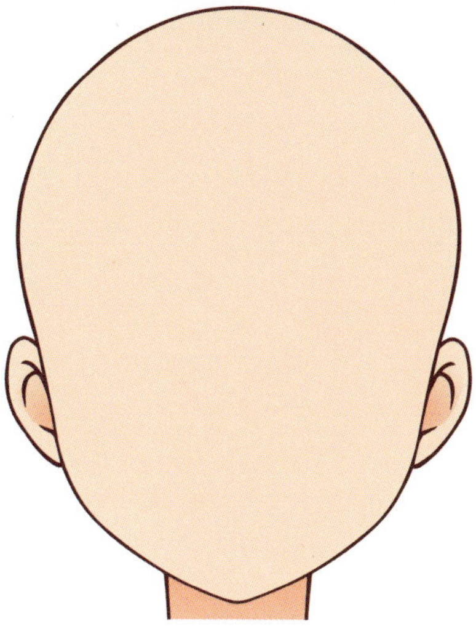

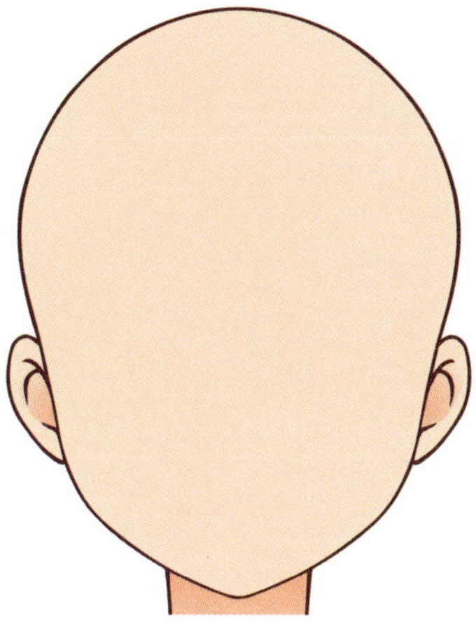

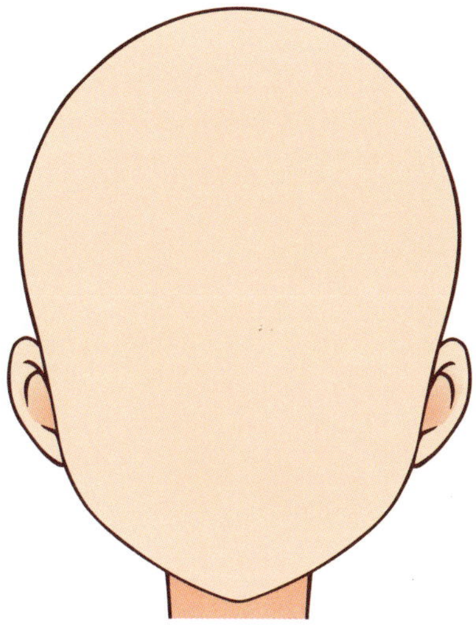

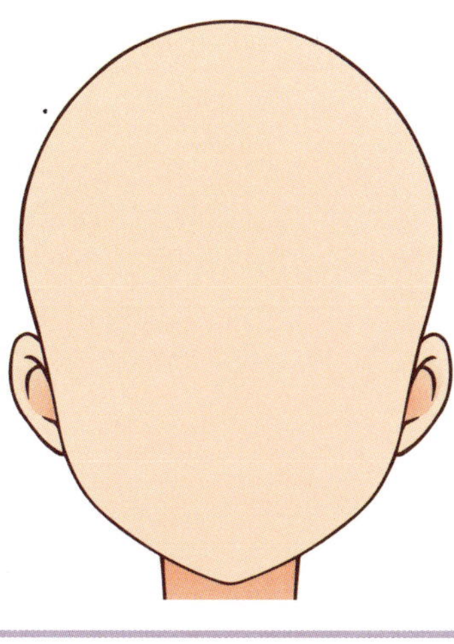

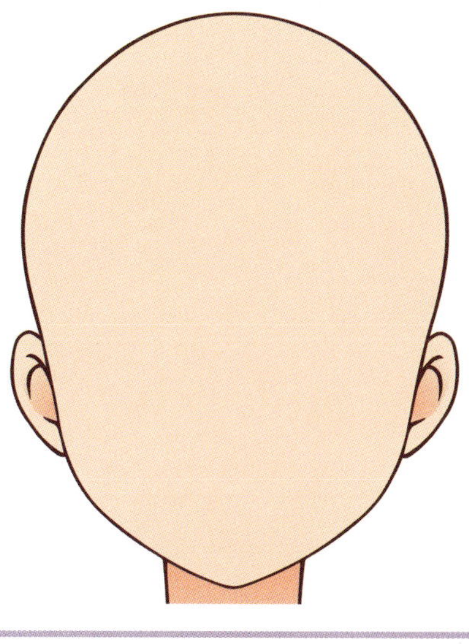

Cabelos e penteados

O cabelo e o penteado dos personagens são muito importantes, pois, assim como a expressão facial, determinarão a sua personalidade. Um penteado adequado pode intensificar características ou parte do caráter, portanto, não há limites para a imaginação. O cabelo pode ser de qualquer comprimento, estilo, cor ou forma.

CRIANÇAS E ADOLESCENTES

Use as ilustrações seguintes como referência para as suas criações. Observe que, quando os músculos do rosto se movem ao falar, rir ou chorar, o nariz sempre permanece fixo, enquanto a boca fica maior, menor e, às vezes, distorcida.

Faça diferentes caretas na frente do espelho para observar esses detalhes.

OS PENTEADOS PODEM CONFERIR PERSONALIDADES DIFERENTES. UM CABELO CURTO PODE CRIAR UM ROSTO AGRADÁVEL E SIMPÁTICO. PENTEADOS COM PONTAS IRREGULARES SÃO FREQUENTEMENTE VISTOS EM FIGURAS DE AÇÃO OU HERÓIS. SE O CABELO DO PERSONAGEM ESTIVER PRESO E ARRUMADO, ELE VAI PARECER ORGANIZADO, TRABALHADOR OU ESTUDIOSO.

ADOLESCENTES

Brilho, luz, volume e sombra

Para dar volume e tridimensionalidade ao cabelo, você pode adicionar luzes e sombras. Uma maneira de fazer isso é imaginar uma fonte de luz incidindo sobre o personagem. A parte que recebe mais luz deve ter um tom claro, e a parte que está na sombra, um tom escuro. Esse método também se aplica às roupas.

Observe as diferentes maneiras de adicionar brilho, volume, luz e sombra ao personagem. Algumas são mais complexas, outras são mais simples.

Em geral, as luzes e as sombras seguem o formato do penteado ou da cabeça e são coloridas com a mesma cor do cabelo.

As cores claras são usadas para dar a sensação de brilho e luz, e as escuras são usadas para criar sombras.

Mais penteados e estilos de cabelo

Esses modelos têm um estilo diferente dos anteriores para que você possa se inspirar. Use-os como referência para desenhar seus personagens, mas não os copie. Se você os desenhar com seu próprio estilo, vai ter personagens originais e inéditos.

ADULTOS

ATIVIDADE

DESENHE DIFERENTES TIPOS DE CABELO USANDO COMO REFERÊNCIA SUA FAMÍLIA, AMIGOS E ATÉ PESSOAS ANDANDO PELA CIDADE. FAÇA OS ESBOÇOS NESTA PÁGINA; ELES PODERÃO SER USADOS PARA CRIAR OS PERSONAGENS DO SEU MANGÁ.

Movimentos e ações

Para dar movimento aos seus personagens, você deve desenhar o que chamamos de "linha de ação".

Essa linha é o principal traço que indica o movimento e a expressão do personagem no espaço. É a primeira coisa que se deve ter em mente ao desenhar um personagem. Observe a linha de ação aplicada nos desenhos a seguir e use-a em seus projetos.

Depois de estabelecer a linha de ação, você precisará entender como funcionam e onde estão localizadas as articulações do corpo. São elas que permitem o movimento da figura. O manequim de madeira servirá como referência. Se ainda não tiver um, você pode desenhar um corpo em uma folha de papel, recortar as partes e prendê-las com um grampo onde ficam as articulações. Ele vai ficar parecido com este desenho.

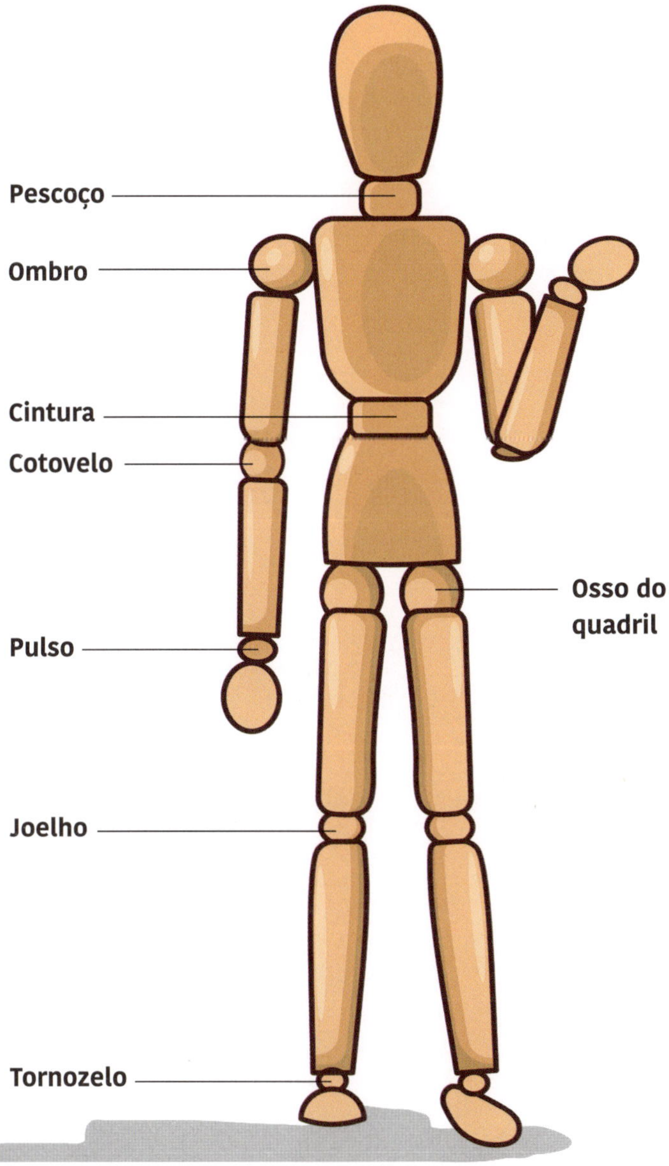

Lembre-se de que o manequim é apenas uma referência. A melhor maneira de verificar a localização das articulações e entender a aparência dos músculos ao realizar movimentos distintos é observar seu próprio corpo na frente de um espelho.

Pense nas articulações como conexões circulares entre as diferentes partes do corpo. Elas permitem que as partes se unam e se movimentem.

Para praticar, coloque o manequim em uma pose que você ache interessante e desenhe a estrutura do corpo usando formas geométricas tridimensionais. Lembre-se de que nosso corpo é muito mais flexível do que o do manequim, portanto, você terá de adicionar linhas curvas para suavizar os movimentos da figura.

Movimentos passo a passo

Siga este passo a passo para desenhar uma garota adolescente andando. Depois, pegue seu caderno de desenho e crie um personagem diferente fazendo a mesma ação.

1 Decida quantas cabeças de altura o personagem terá e, usando lápis azul-claro, desenhe a linha de ação e as linhas de tensão do corpo na pose desejada.

2 Desenhe formas geométricas para dar volume ao corpo, como se fosse um manequim de madeira.

3 Apague as linhas de tensão (sem descartar as articulações) e realce o volume da figura, ajustando conforme necessário.

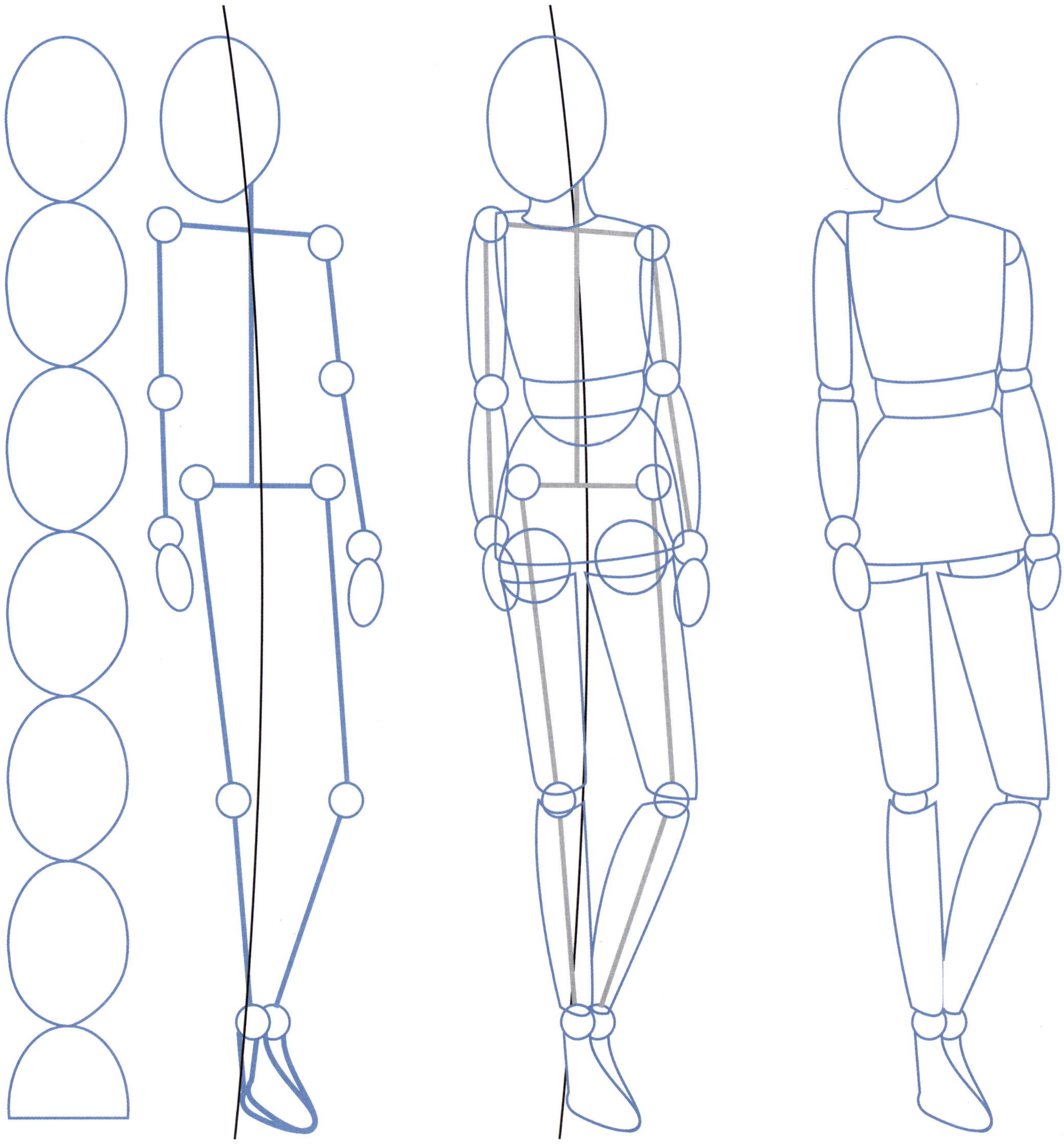

4 Desenhe os músculos do corpo e apague suavemente a estrutura. Em seguida, desenhe os traços do rosto e do cabelo.

5 Preencha os detalhes do rosto, do penteado e das roupas.

6 Por fim, aplique tinta preta em seu desenho ou pinte-o, se quiser adicionar cor.

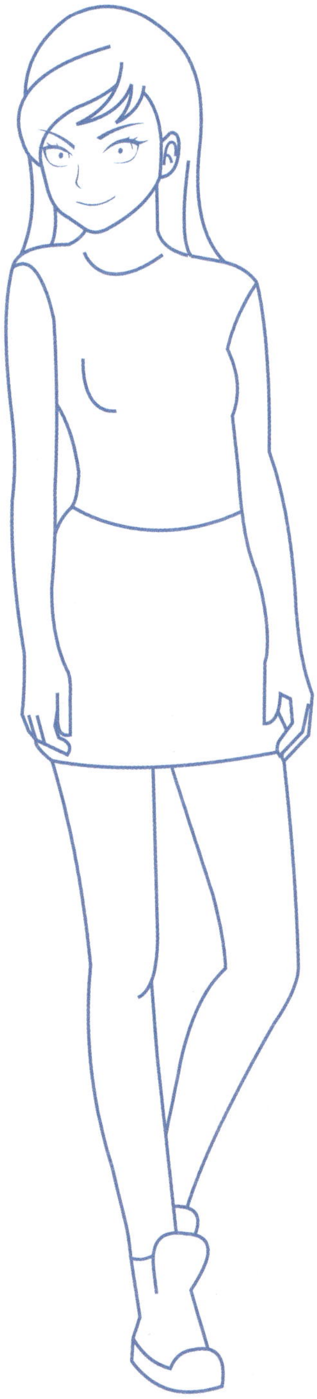

Guia de poses e ações básicas

Se precisar desenhar uma pose invertida, espelhada, você pode usar um quadro de luz. Se não tiver um, é possível usar uma janela que deixe entrar o sol.

Mesa de luz

Pegue o desenho que você quer espelhar e coloque-o na prancha. O lado do papel com tinta deve estar voltado para o quadro e não para você. No outro lado do desenho, o que está voltado para você, desenhe a nova posição. Você também pode fazer isso em uma nova folha de papel. Observe estes exemplos para entender como as poses são espelhadas.

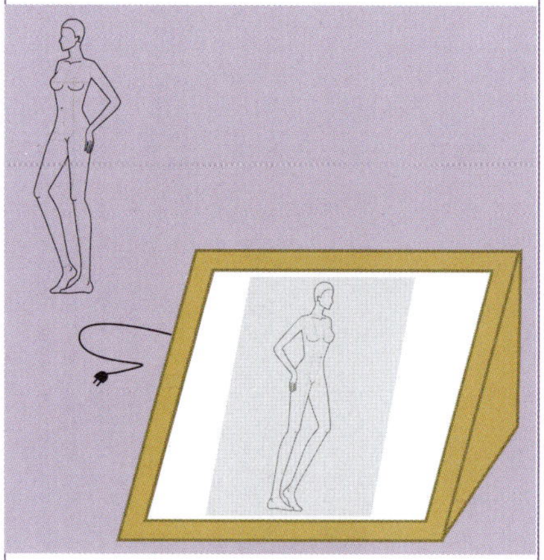

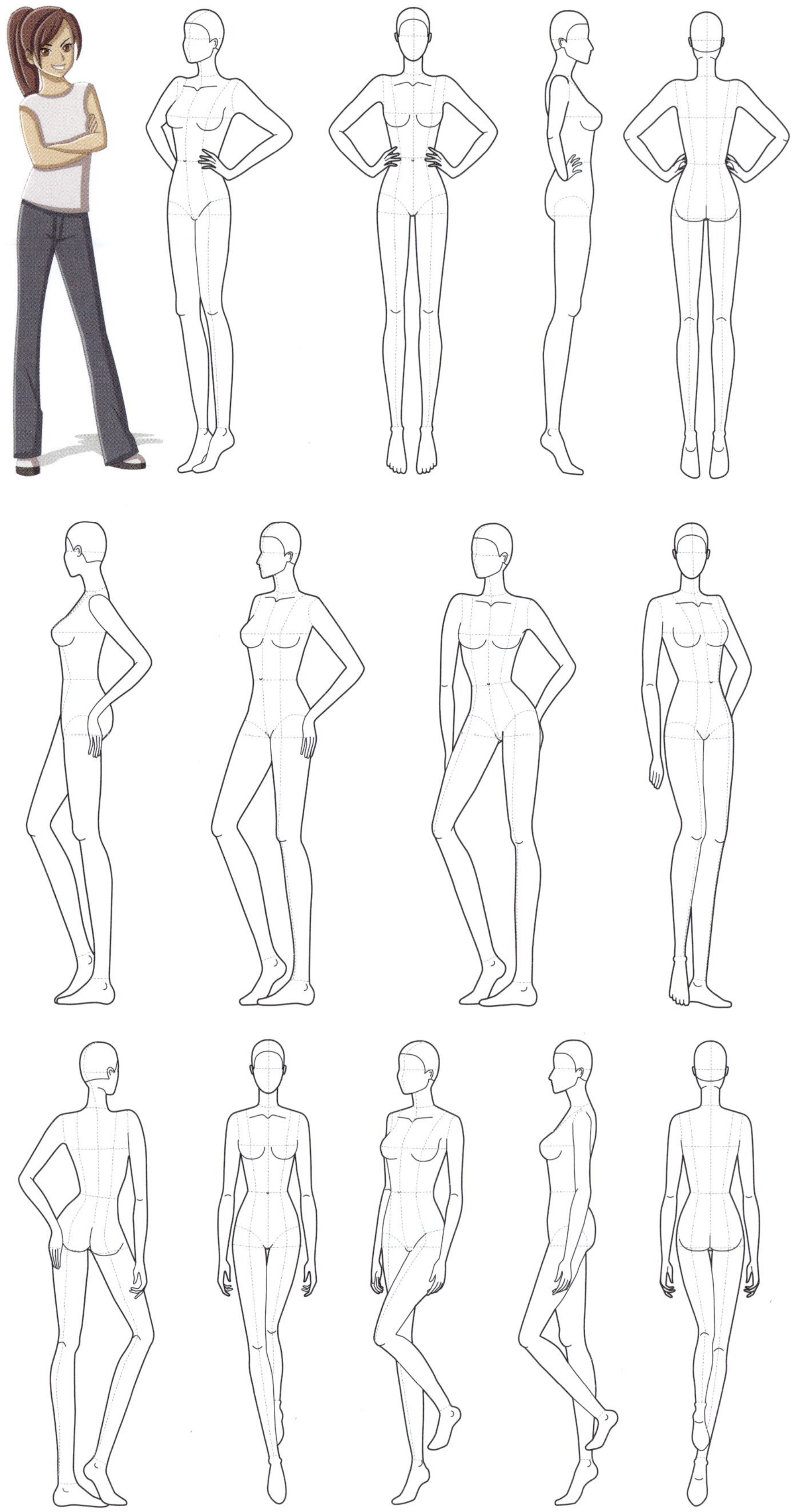

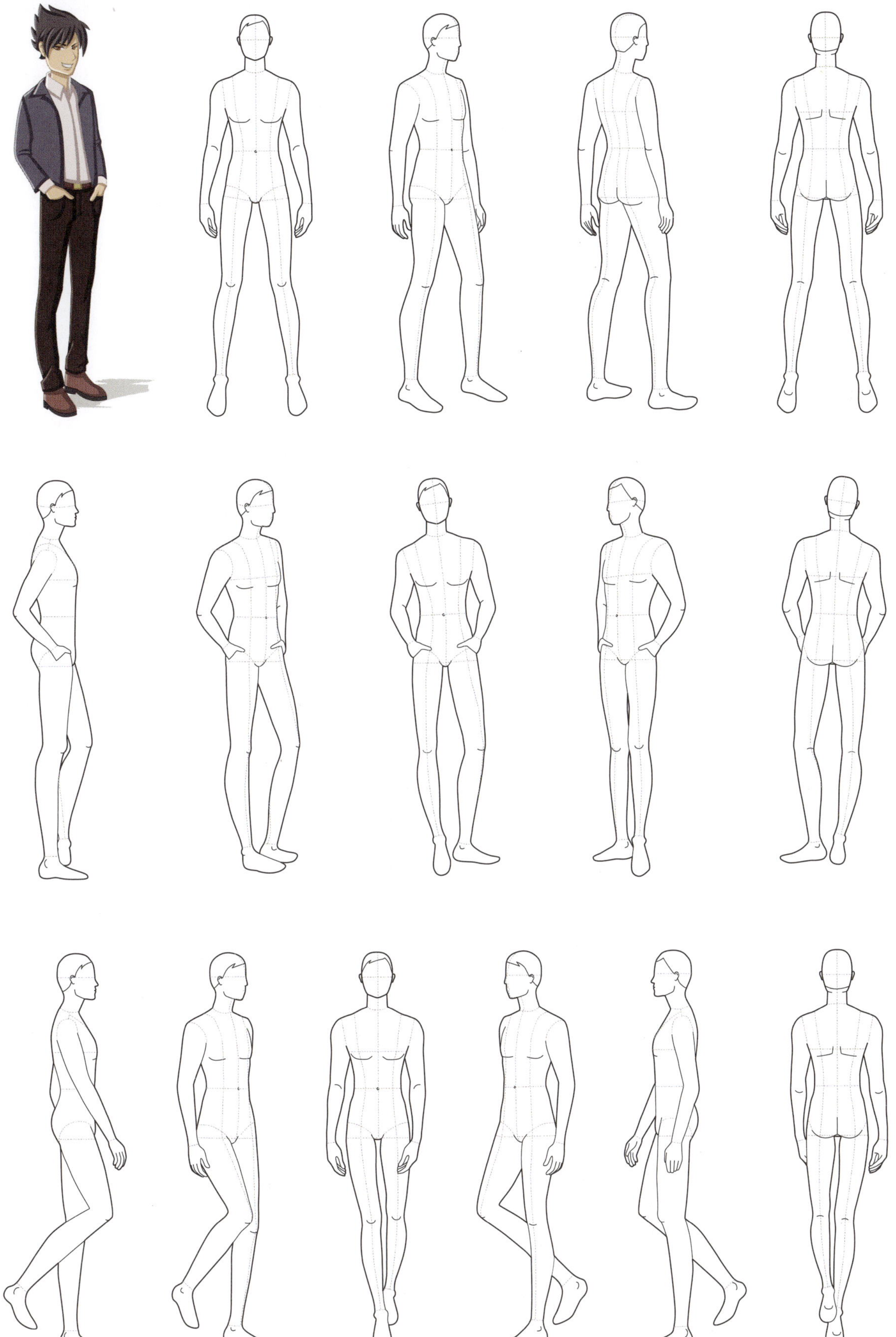

ATIVIDADE

NESTAS PÁGINAS, CRIE DOIS PERSONAGENS USANDO MANEQUINS COMO BASE. PRIMEIRO, DECIDA QUAIS CARACTERÍSTICAS CADA UM TERÁ (GÊNERO, IDADE, ATIVIDADE QUE ESTÁ REALIZANDO ETC.). EM SEGUIDA, PENSE SE DESEJA ALTERAR ALGUMA PARTE DO CORPO E, FINALMENTE, DESENHE SEUS PERSONAGENS COMPLETANDO E/OU MODIFICANDO AS SEGUINTES ESTRUTURAS MÓVEIS.

MÃOS E SEUS MOVIMENTOS

As mãos dos personagens são fundamentais para fazer gestos e expressar emoções ou ações.

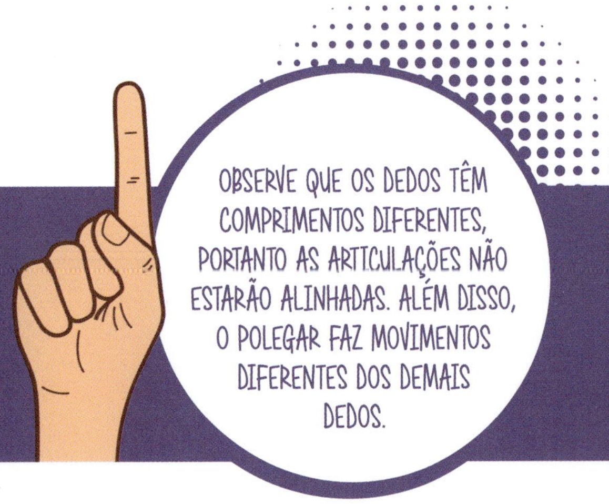

Observe os modelos a seguir para entender as proporções reais das mãos. Depois de entendê-las, você pode simplificar e criar as mãos que desejar. Lembre-se de que o comprimento dos dedos indicador e anular deve ser mais ou menos o mesmo, e o dedo médio deve ter o mesmo comprimento que a palma e o dorso da mão.
Anatomicamente, mãos femininas são em geral mais finas e pequenas do que as masculinas.

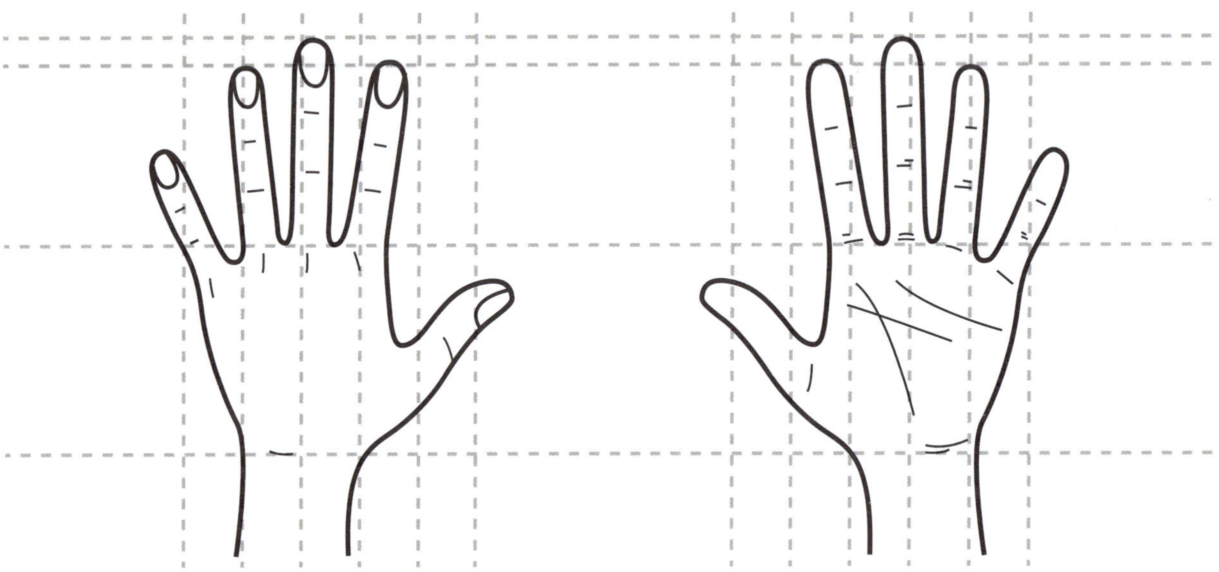

Desenhar mãos é uma tarefa complicada, mas se prestar atenção nessas etapas e praticá-las, você se tornará um excelente desenhista de mãos. Este guia ensina como desenhar mãos de maneira simples.

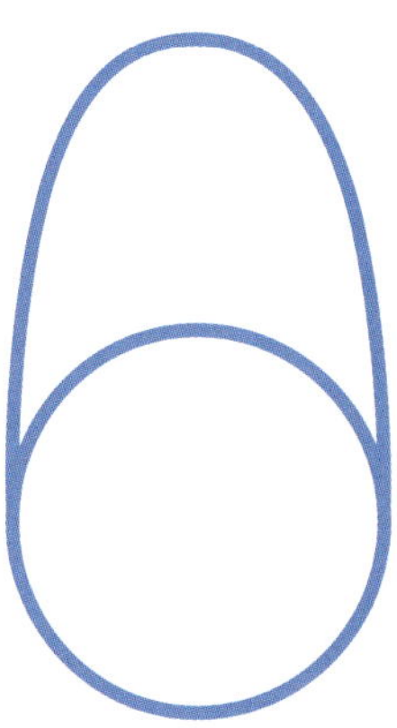

1 Na parte superior do oval, desenhe três linhas retas para simular a separação dos dedos.

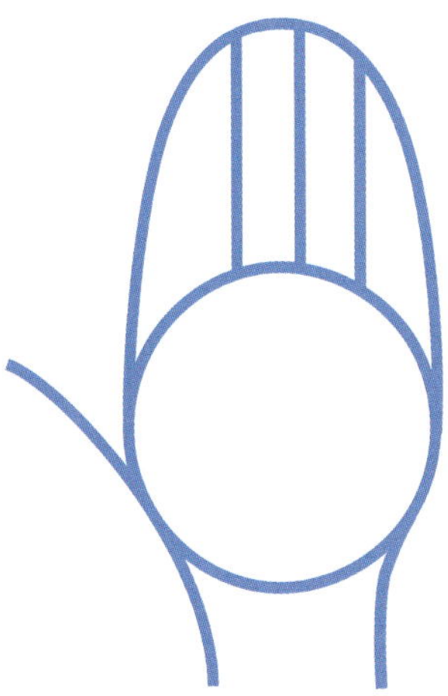

2 Na parte superior do oval, desenhe três linhas retas para simular a separação dos dedos.

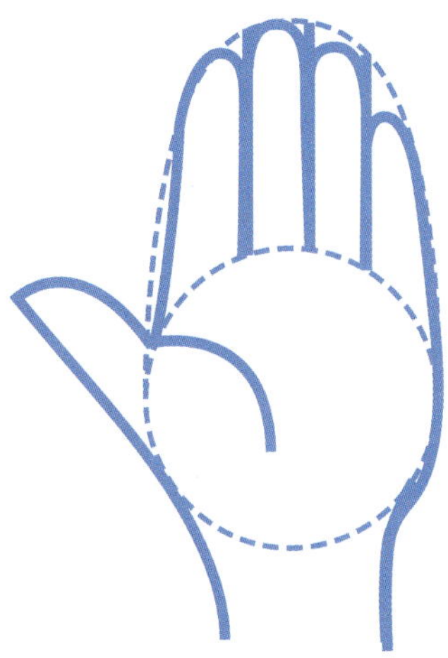

3 Desenhe pequenos semicírculos para representar as pontas dos dedos e complete com o músculo do polegar.

4 Apague o círculo e o oval traçados como base e desenhe os detalhes das dobras dos dedos e da palma da mão.

Guia de poses

Observe esses modelos de mão como referência. A quantidade de detalhes adicionados dependerá do seu estilo de desenho, da sua fluência, e o mais importante, da sua prática.

PROPORÇÕES REALISTAS COM DETALHES

PROPORÇÕES REALISTAS EM DESENHOS SIMPLIFICADOS

Guia de poses

Nesses desenhos, as linhas são mais simples, mas não perdem a expressividade. Observe-os e use-os como referência.

ATIVIDADE

PARA PRATICAR O DESENHO DE MÃOS, VOCÊ PODE USAR SUAS PRÓPRIAS MÃOS COMO MODELO. USE A MÃO QUE ESTIVER LIVRE AO DESENHAR, GIRE O PULSO EM DIFERENTES DIREÇÕES, MOVA OS DEDOS, PEGUE ALGUNS OBJETOS E VEJA QUAL POSIÇÃO É MAIS INTERESSANTE. EM SEGUIDA, COPIE-A NESTE ESPAÇO.

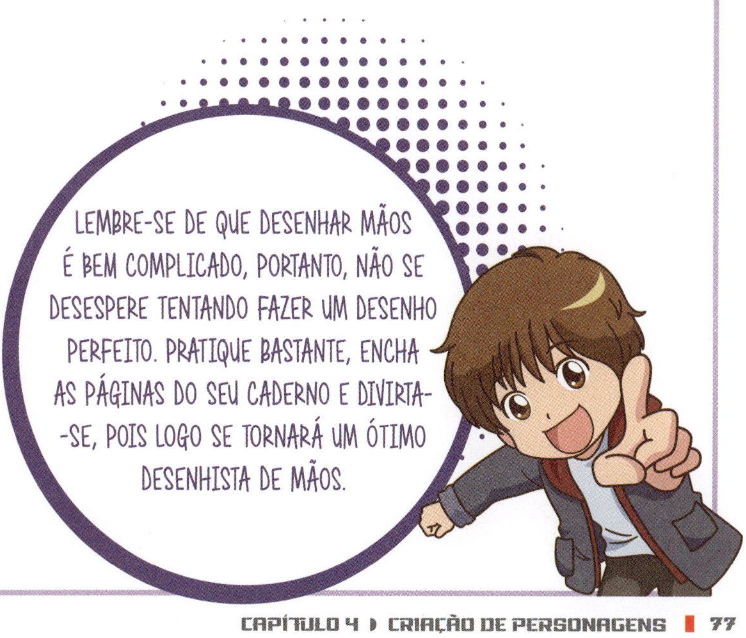

Pés e seus movimentos

Antes de desenhar pés, tenha em mente que eles são o suporte do nosso corpo e que diferentes músculos e ossos estão envolvidos em seus movimentos.

Os modelos a seguir mostram as proporções reais dos pés. Você pode simplificá-los, mas lembre-se de marcar os músculos e de que ossos mais proeminentes faz com que pareçam equilibrados e ajudam a captar o movimento.

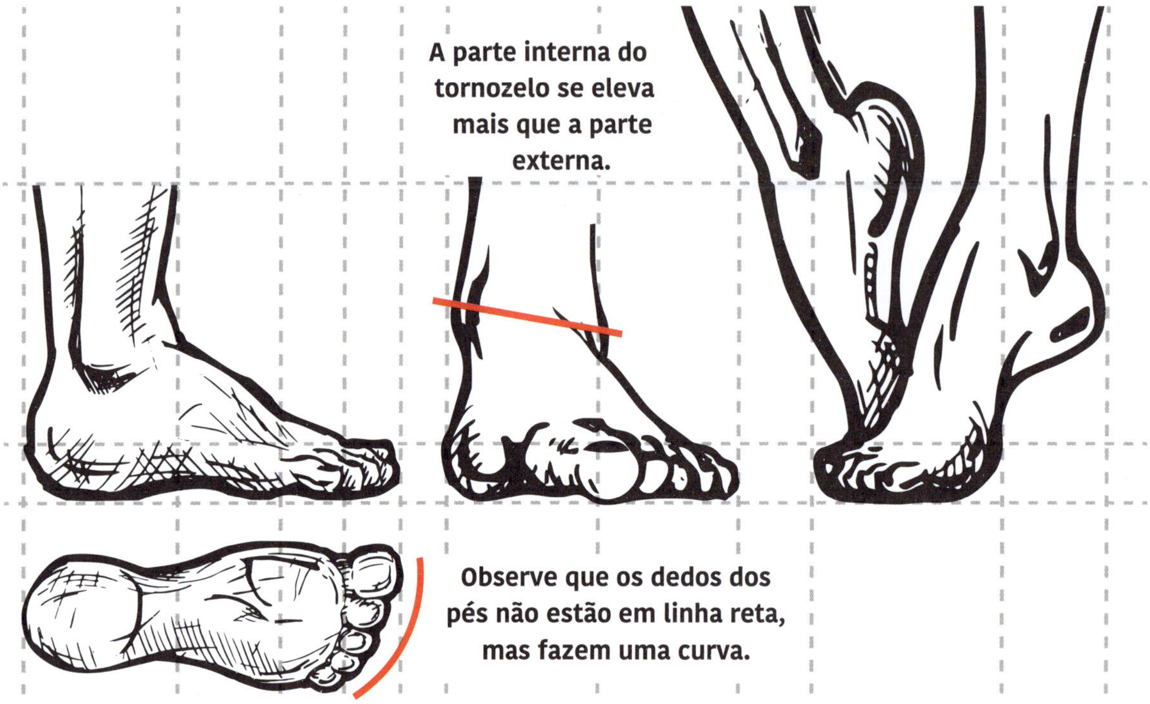

Para desenhar pés de maneira simples, você deve pensar neles como figuras geométricas tridimensionais que se articulam no tornozelo, às quais você acrescenta detalhes. Dessa forma, pode criar um número infinito de movimentos.

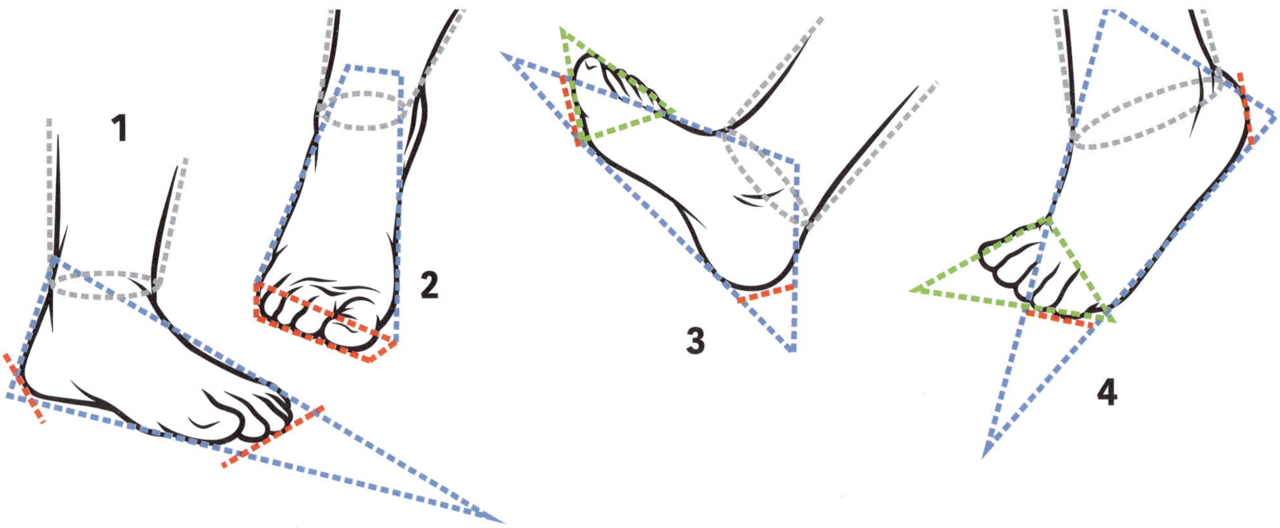

1 Observe que o pé visto do lado de dentro pode ser fechado em um triângulo que tem os ângulos inferiores recortados.

2 O pé visto de frente pode ser encaixado dentro de um polígono recortado.

3 O movimento com os dedos levantados é obtido com um triângulo grande, que forma o pé, e um triângulo menor, que forma os dedos.

4 O pé apoiado no chão tem a mesma forma que a do movimento anterior, com uma direção diferente.

O mais importante é entender como se apoia cada parte do pé para representar o movimento dos personagens. Aqui estão alguns exemplos para você usar como referência.

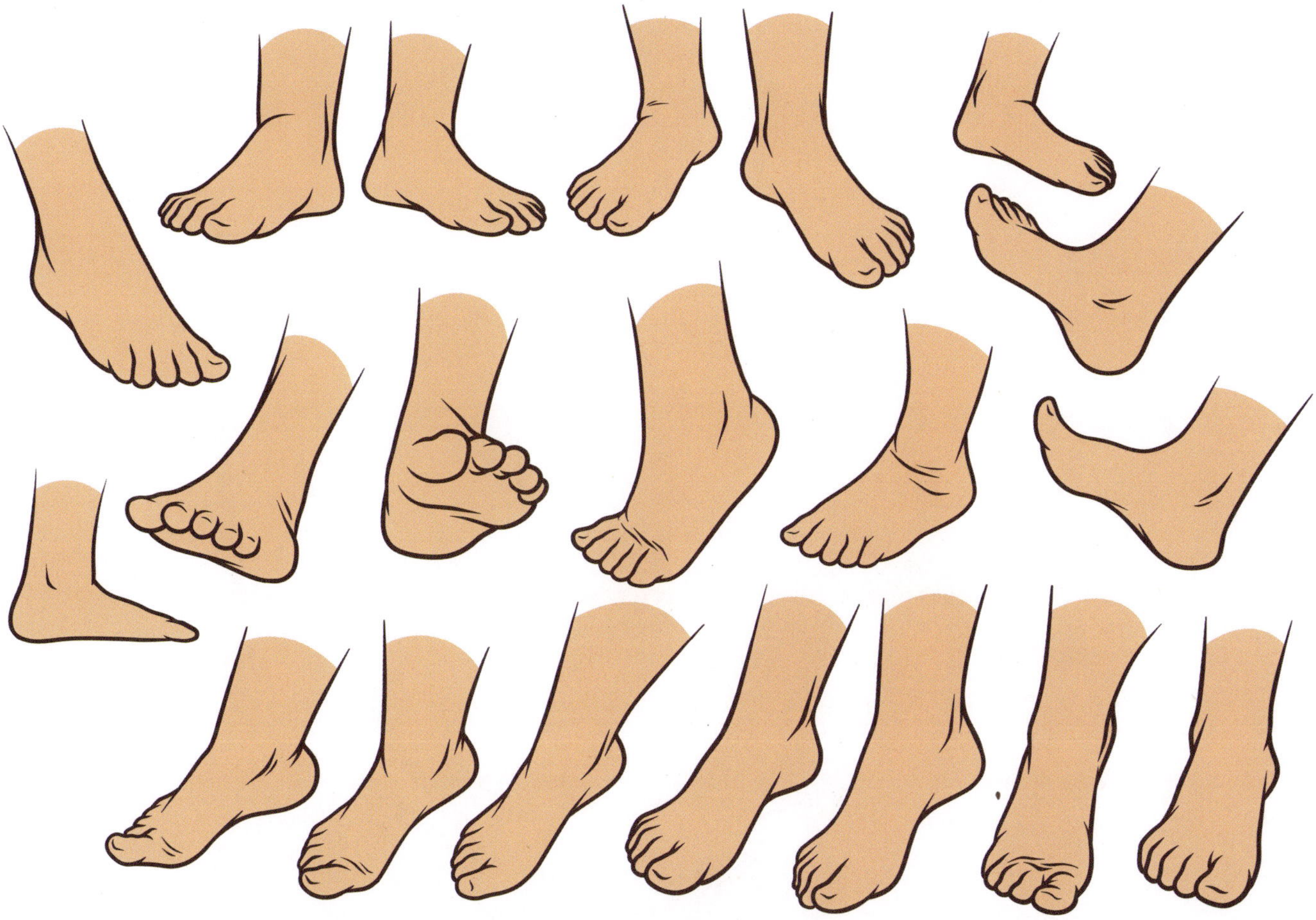

ATIVIDADE

PRATIQUE O DESENHO DE PÉS USANDO SEUS PRÓPRIOS PÉS COMO REFERÊNCIA. OLHE PARA SI MESMO EM FRENTE AO ESPELHO PARA COPIAR SEUS MOVIMENTOS.

Capítulo 5

Roupas e acessórios

Roupas

As roupas são muito importantes: elas definem a personalidade do personagem, fazem parte de sua identidade, expressam seu caráter e complementam seu estilo. Por tudo isso, pense cuidadosamente nelas antes de desenhá-las.

A moda pode variar de acordo com a idade de cada personagem, a atividade que ele realiza, se é um super-herói, um guerreiro, um personagem de ficção ou de ficção científica, um esportista, um funcionário de escritório etc. As opções são infinitas. Vista seus personagens de forma original, de acordo com a história ou o mundo que você criou para eles.

Desenhar trajes que se ajustam ao corpo, pareçam verossímeis e não sejam planos é uma tarefa complexa, mas com prática e essas orientações, você poderá simplificar seu trabalho:

- Fique em frente a um espelho e estude o movimento de suas roupas quando estiver em pé.
- Observe a forma que elas assumem quando você se move.
- Estude as dobras.
- Lembre-se de que, quando você se move, suas roupas mudam de posição e, se estiver em um local com muito vento, elas se moverão na mesma direção dele.

Observe os detalhes ampliados na imagem para ver como as dobras foram desenhadas nas roupas e como a sensação de volume é obtida adicionando luz às partes mais rasas do tecido e escurecendo as áreas que estão na sombra.

Acessórios

É importante que os personagens, além de roupas, tenham acessórios e elementos que os complementem. Dessa forma, poderá caracterizar melhor a atividade ou ação que estão fazendo em cada cena do mangá.

Um casaco ou uma jaqueta podem passar a sensação de clima frio. Uma bicicleta ou um skate podem indicar que os personagens estão ao ar livre e que são destemidos. Se estiverem vestidos com roupas modernas, saberemos que a história se passa no presente.
Observe nas imagens como algumas dobras de roupas podem ser simplificadas com poucos traços sem perder o volume da figura.

Objetos e acessórios são criados da mesma forma que pessoas. Primeiro, você olha para o objeto real que deseja representar e identifica as formas geométricas tridimensionais que o compõem. Em seguida, você desenha os detalhes e os coloca no personagem correspondente.
Aqui estão alguns exemplos. Siga as etapas a seguir:

- Desenhe as formas geométricas que compõem o objeto.
- Adicione volume a cada forma.
- Preencha os detalhes e, se desejar, pinte-os.

Bola de futebol

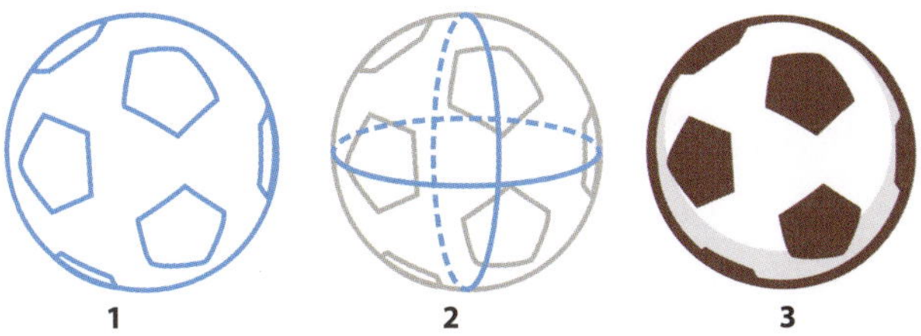

Telefone celular

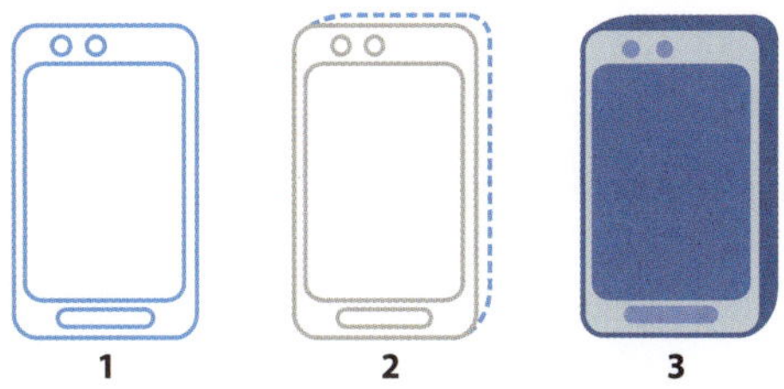

Skate

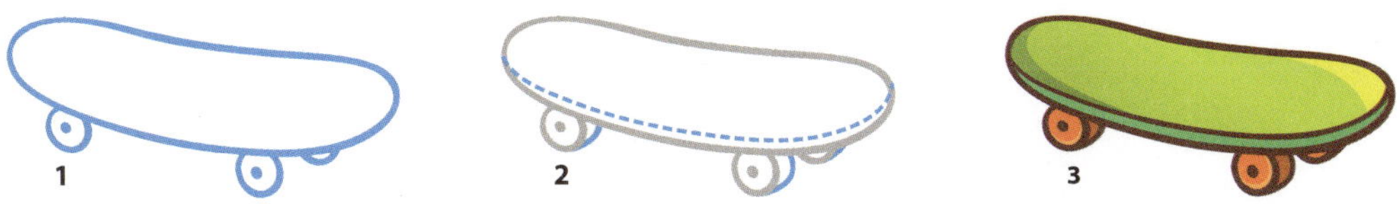

Bicicleta

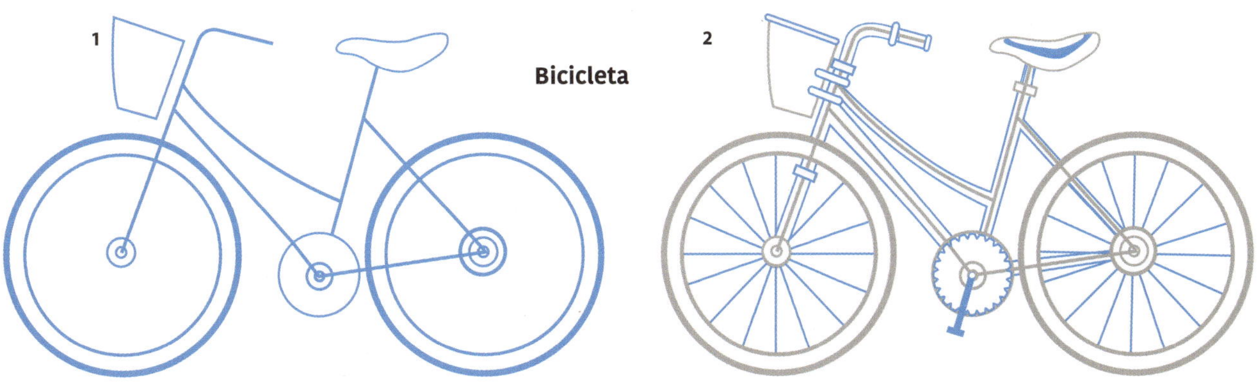

Guia de vestuário

Aqui estão alguns modelos que podem servir de inspiração para você criar roupas modernas, de acordo com os diferentes estilos dos seus personagens. Dê uma olhada mais de perto neles.

Roupas também são o símbolo de uma época e marcam seu contexto. A moda tem uma história e uma razão de ser.

GUIA DE VESTUÁRIO

Se deseja criar mundos de fantasia, esses modelos servem de inspiração para você criar personagens fantásticos.

Esses modelos podem guiá-lo na criação de guerreiros e heróis.

ATIVIDADE

CRIE UM ESTILO ESPECIAL PARA ESSES JOVENS PERSONAGENS DESENHANDO SUAS ROUPAS E ACESSÓRIOS. LEMBRE-SE DE QUE AS ROUPAS TAMBÉM REALÇAM A PERSONALIDADE.

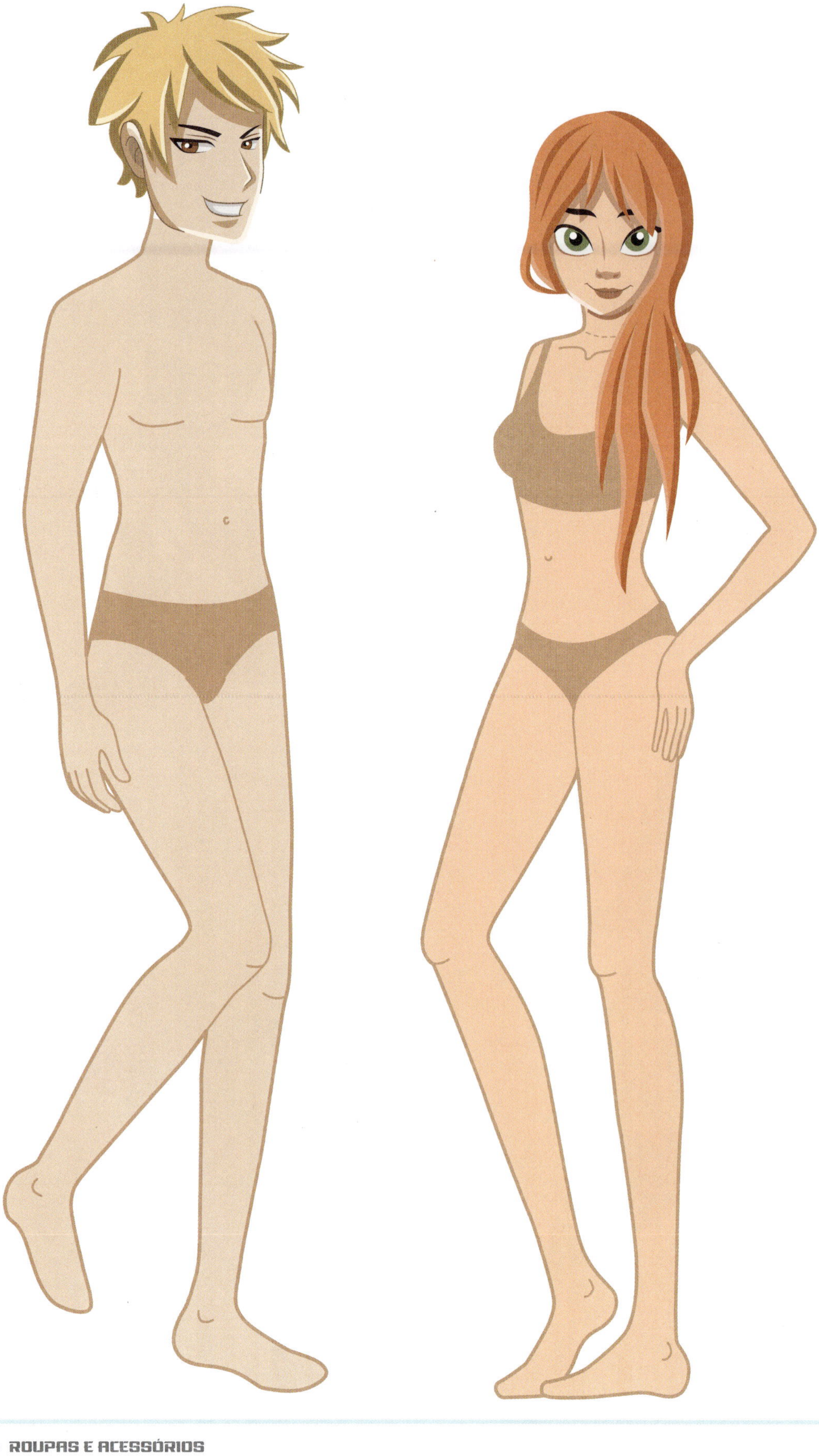

ATIVIDADE

AGORA PREPARE-SE PARA CRIAR SERES FANTÁSTICOS OU SUPER-HERÓIS. INCLUA SUAS ROUPAS E ACESSÓRIOS FAVORITOS.

CAPÍTULO 6

ANIMAIS

Animais em geral

Eles podem ser animais de estimação ou seres de um mundo de ficção científica. Podem até ter características humanas. No mangá, as possibilidades são infinitas!

Neste capítulo, você vai poder incorporar todos os temas que aprendeu porque, embora existam animais de diferentes espécies, formas e tamanhos, eles são criados da mesma maneira que as pessoas e os objetos: em uma estrutura composta de formas geométricas, às quais pode adicionar volume e os detalhes que quiser.

Você pode desenhar animais em seu habitat natural ou pode desenhá-los com características humanas, tornando-os os protagonistas da sua história. O animal deve manter os traços de sua espécie para que o personagem possa ser entendido corretamente. Abaixo, mostramos o passo a passo de alguns animais para usar como referência.

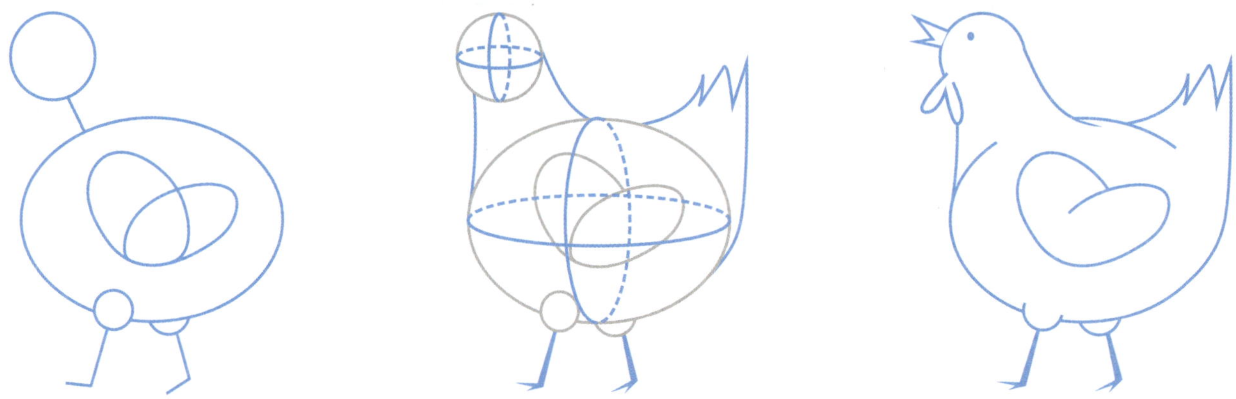

1 Desenhe as linhas articuladas que dão forma ao esqueleto e às figuras geométricas que compõem o corpo do animal.

2 Adicione volume a cada parte do corpo, como você aprendeu nos capítulos anteriores, e trace as características do rosto.

3 Apague as linhas que formaram a estrutura básica e complete os detalhes. Se desejar, pinte ou contorne seu desenho.

É importante pesquisar o tipo de personagem que você deseja criar antes de começar a desenhar. Procure fotos e imagens em livros ou revistas, explore sites e reúna informações para ter uma ideia clara de como é a espécie, sua forma, seu habitat, com quais outros animais ela pode interagir; pense quais características e traços você pode exagerar.

Sempre que fizer um desenho, seja realista e/ou exagerado, como uma caricatura, é importante que conhecer bem o personagem e imprimir nele seu estilo pessoal.

Cada animal é um novo personagem, mesmo que faça parte de apenas um quadrinho. De acordo com o destaque que ele ocupa na história, você pode torná-lo mais ou menos complexo, inserindo acessórios ou não, entre outros detalhes.

1

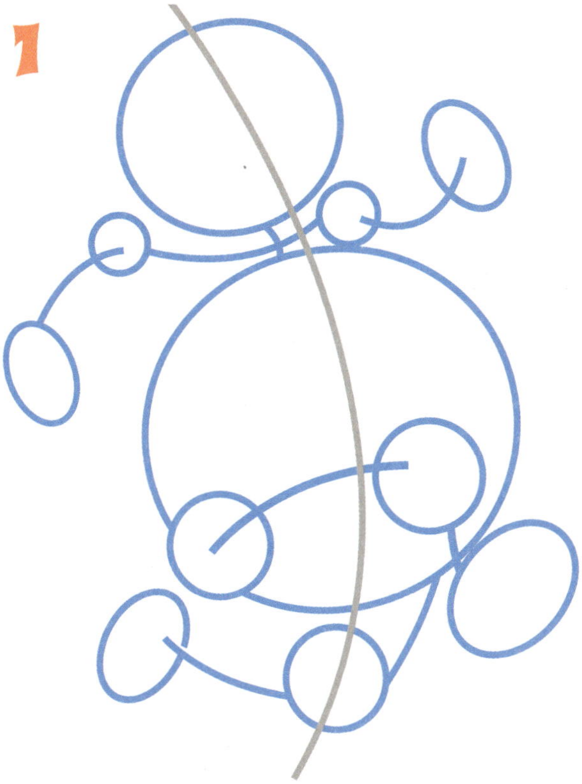

Estrutura de base com linhas articuladas

2

Volume

3

Detalhes

4

Cor

Criaturas adoráveis

Se você desenhar uma figura com linhas e formas muito simples com altura de duas cabeças, obterá criaturas no estilo chamado "adorável" ou "*cute*".

Aqui estão alguns modelos que você pode usar como referência.

FANTASIA

É POSSÍVEL CRIAR MUNDOS FANTÁSTICOS COLOCANDO ANIMAIS FORA DE SEU HABITAT NATURAL OU EM LOCAIS ONDE NÃO COSTUMAM SEREM VISTOS.

ANIMAL SENTADO

Altura: duas cabeças

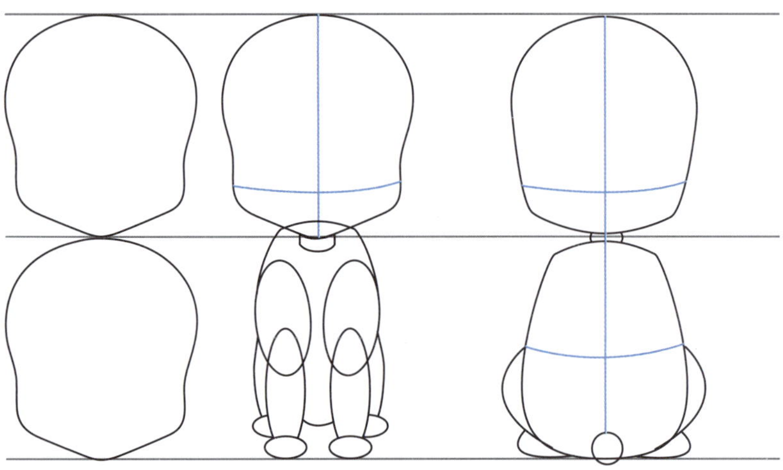

Vista frontal

Vista dorsal (de costas)

ANIMAL CORRENDO

ANIMAL EM PÉ

Altura: duas cabeças

Vista de perfil

Vista frontal

Vista de perfil 3/4

Vista de perfil

Vista dorsal

ATIVIDADE

CRIE SEUS PRÓPRIOS ANIMAIS. DÊ A ELES CARACTERÍSTICAS HUMANAS, MISTURE CARACTERÍSTICAS DE DIFERENTES ESPÉCIES (COMO ORELHA DE COELHO, CORPO DE PORCO-ESPINHO E CAUDA DE CAVALO), FAÇA EXPERIÊNCIAS E DIVIRTA-SE DESENHANDO!

Capítulo 7

Fundos, cenários e ambientes

Planos de fundo e cenários

São importantes porque formam o espaço em que a história acontece. Eles mostram ao leitor como é o lugar e o contexto em que seus personagens vivem.

Os ambientes da sua história podem ser muito variados. Há personagens que podem pertencer à era pré-histórica ou vir do futuro, que podem viver na selva ou em um planeta distante. As paisagens são tão infinitas quanto sua imaginação. Você pode criar cenários elaborados ou construções simples, de acordo com a narrativa que quer contar. Tudo depende da importância que deseja dar ao plano de fundo na situação que está desenhando. Um único quadro pode conter um cenário elaborado, com muitos detalhes, como o da imagem desta página, ou pode mostrar o personagem com um plano de fundo composto apenas por linhas ou figuras, como na imagem circular.

Você pode representar uma cidade ilustrando todos os seus detalhes ou somente os prédios em primeiro plano, com a silhueta dos mais distantes. Dessa forma, é possível criar todos os ambientes em que cada personagem se move.

Fundos texturizados

Permitem que você identifique o local onde um determinado personagem está sem precisar fazer um desenho complexo e detalhado.

OBTENHA O MAIOR NÚMERO POSSÍVEL DE FOTOS, DESENHOS OU ESBOÇOS DO LOCAL QUE DESEJA MOSTRAR OU DOS QUE SERVIRÃO DE INSPIRAÇÃO. PENSE NA DECORAÇÃO, NO AMBIENTE, NAS CORES, NO CLIMA E EM COMO A ATMOSFERA SERÁ APROPRIADA PARA O SEU DESENHO.

Prédios e ambientes também podem ser desenhados com poucas linhas, com texturas e cores planas. Às vezes, basta criar a textura do material de que a construção é feita, alguns elementos que caracterizam o local ou linhas de movimento, se o personagem estiver em ação. Aqui estão alguns exemplos:

Linhas de ação para mostrar a força e a velocidade dos movimentos do personagem.

Poucas linhas verticais e algumas gotas já dão o clima da cena.

Um plano de fundo abstrato com cores em gradiente pode criar uma atmosfera fantástica.

Um fundo de tijolos pode dar a ideia de que o personagem está em frente a uma parede ou a um prédio. Como o exemplo traz um quadro em primeiro plano do personagem, não é necessário desenhar o prédio inteiro.

PERSPECTIVA

O uso da perspectiva é muito importante para acrescentar profundidade a um plano de fundo e obter desenhos mais naturais e realistas. Compreender a perspectiva também permitirá que você enriqueça a história que deseja contar.

A perspectiva é a técnica de representar objetos ou paisagens no papel assim como os vemos com nossos olhos. Ela mostra a posição e o volume que eles ocupam no espaço. Se prestar atenção, verá que as linhas das casas, dos móveis e dos objetos ao seu redor se dirigem para o mesmo ponto e se encontram no horizonte. Isso é chamado de perspectiva.

Para desenhar uma cena, um fundo, um cenário ou um ambiente em perspectiva, você deve levar em conta duas referências muito importantes: a linha do horizonte e o ponto de fuga.

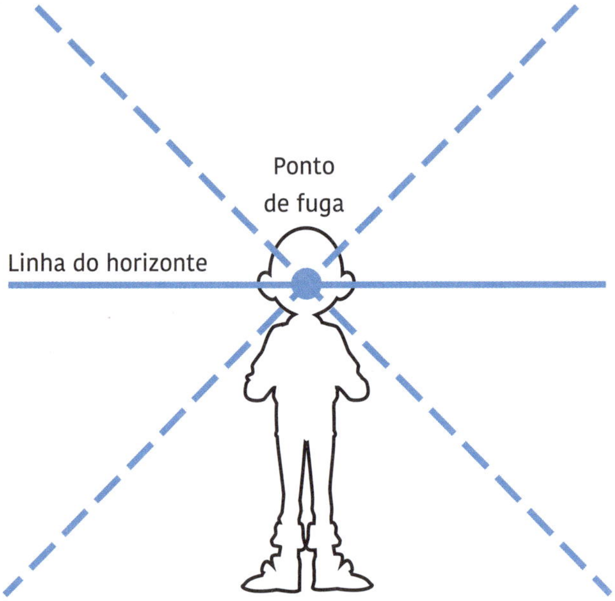

LINHA DO HORIZONTE: linha imaginária desenhada ao seu redor, na altura dos olhos, independentemente da posição em que esteja. Isso se aplica aos personagens e às cenas, como você pode ver no exemplo abaixo.

PONTO DE FUGA: fica exatamente entre seus olhos, na linha do horizonte. É o ponto em que todas as linhas do desenho convergem. Isso também se aplica ao seu personagem e aos fundos, cenários e ambientes.

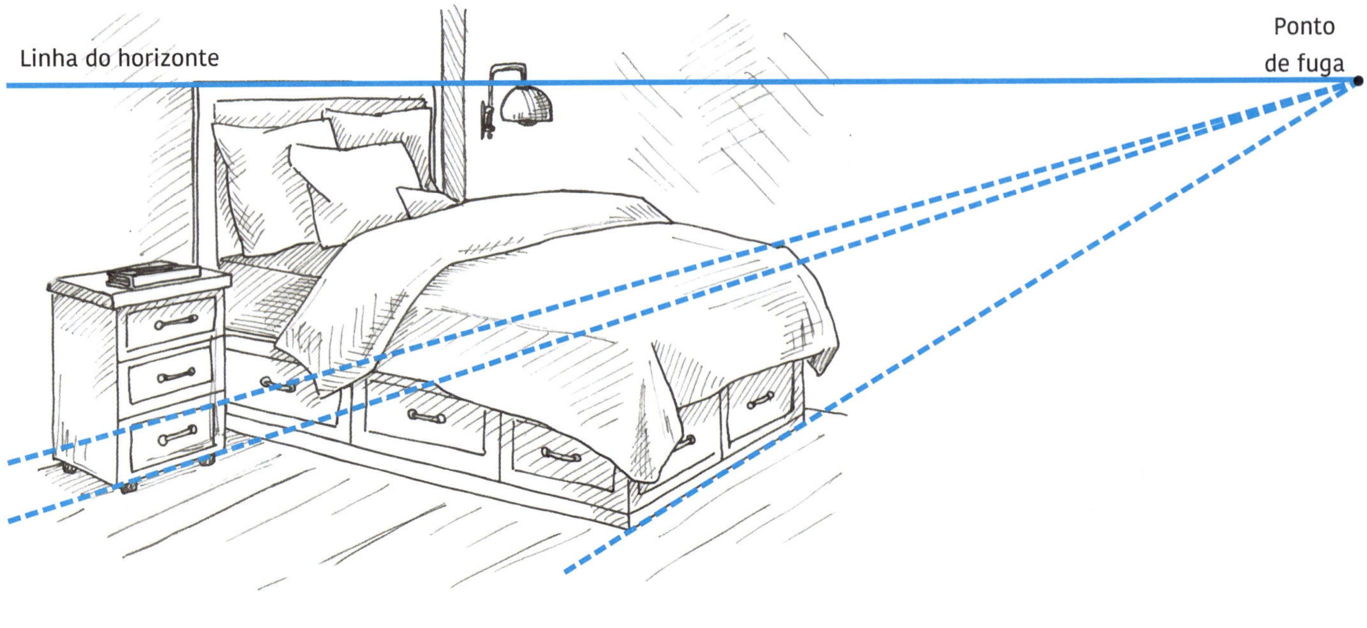

PERSPECTIVA COM UM ÚNICO PONTO DE FUGA

Essa é a forma mais simples de perspectiva: todas as linhas convergem em um único ponto, ou seja, as linhas horizontais são paralelas ao horizonte.

Observe este gráfico para ver como o mesmo objeto parece diferente dependendo da altura em relação à linha do horizonte.

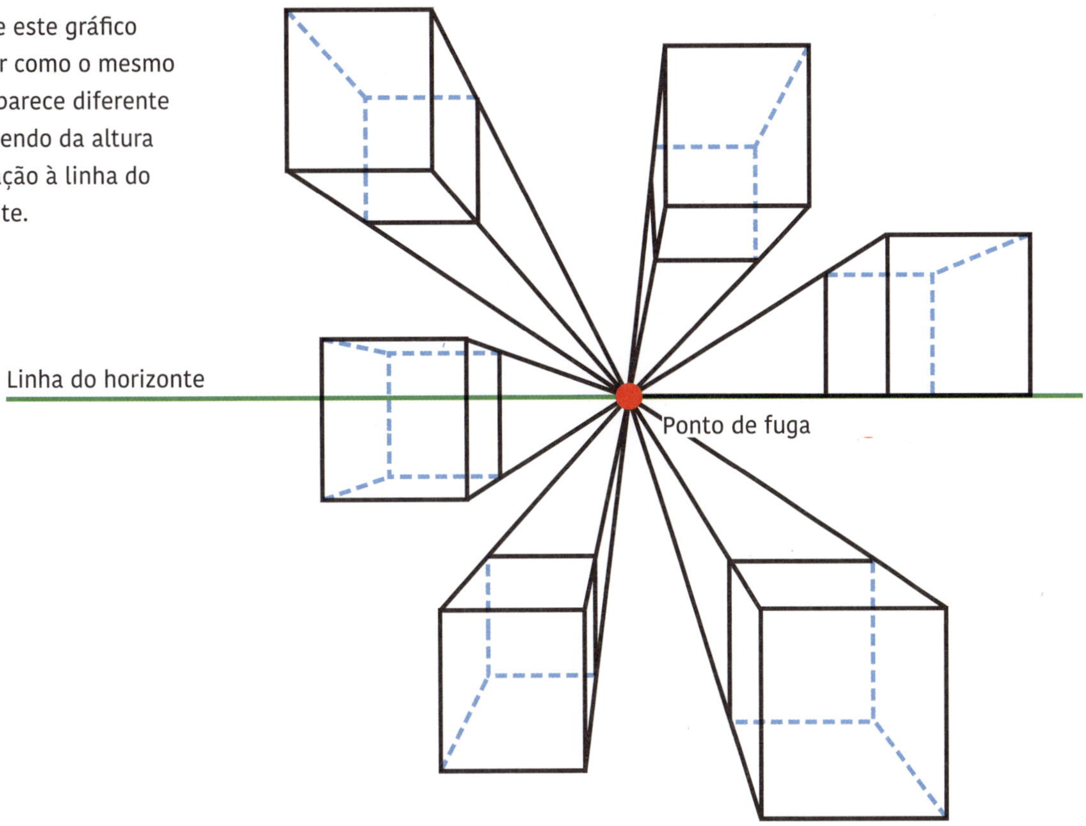

Nesta ilustração, é possível ver como as casas ficam menores à medida que se aproximam do ponto de fuga. Isso dá uma sensação de distanciamento.

Perspectiva com dois pontos de fuga

Nessa técnica, os pontos de fuga são paralelos e a interseção entre eles forma o horizonte.

Neste gráfico, acontece o mesmo que na página anterior. Observe como o mesmo objeto parece diferente de acordo com a altura em relação à linha do horizonte. O que está mais alto parece mais fino, e o que está mais baixo, mais largo.

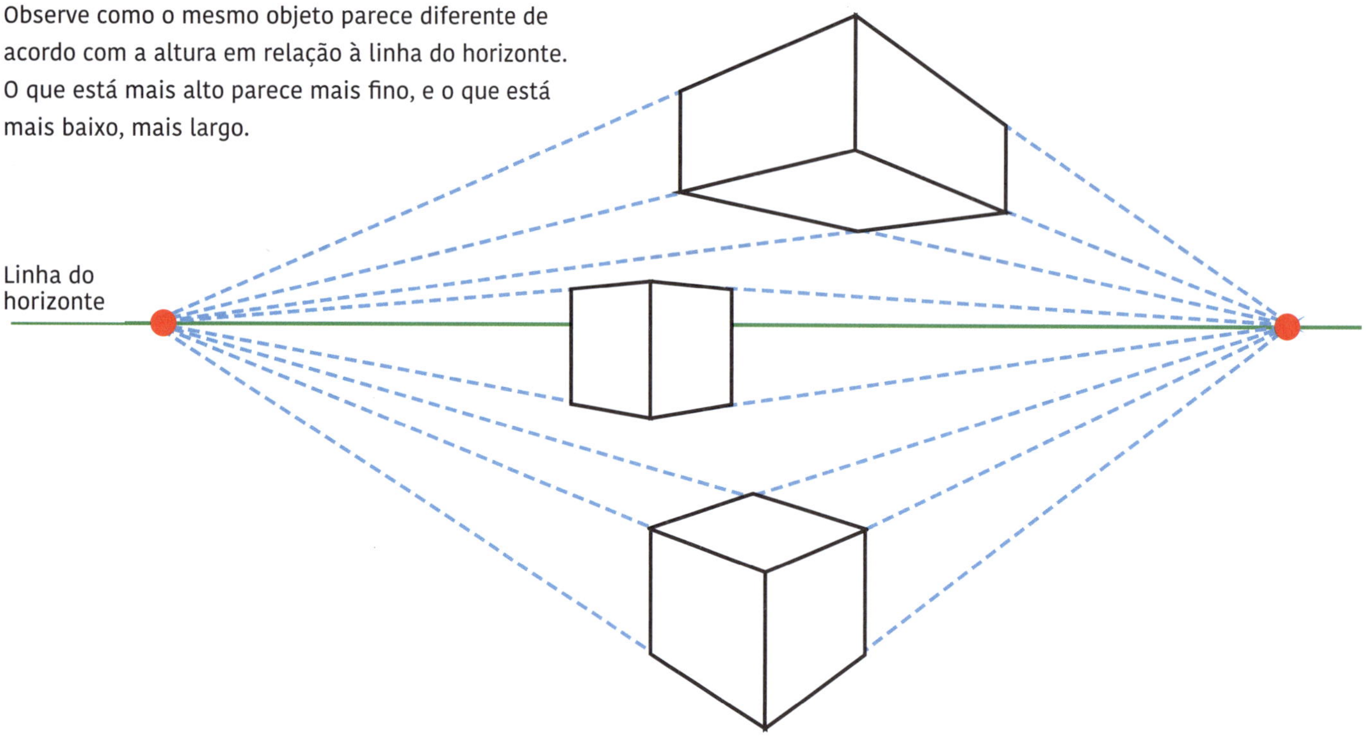

Veja este exemplo. Foram usados dois pontos de fuga e, a partir deles, linhas diagonais foram traçadas para formar o telhado e o volume de cada casa.

PERSPECTIVA COM TRÊS PONTOS DE FUGA

Nesse caso, tanto o horizonte quanto a altura têm pontos de fuga, o que forma uma distorção no objeto.

Essa técnica pode ser usada para representar edifícios altos vistos de baixo, para dar profundidade a uma sala ou até mesmo recriar vistas aéreas de cidades, como é possível ver na imagem abaixo.

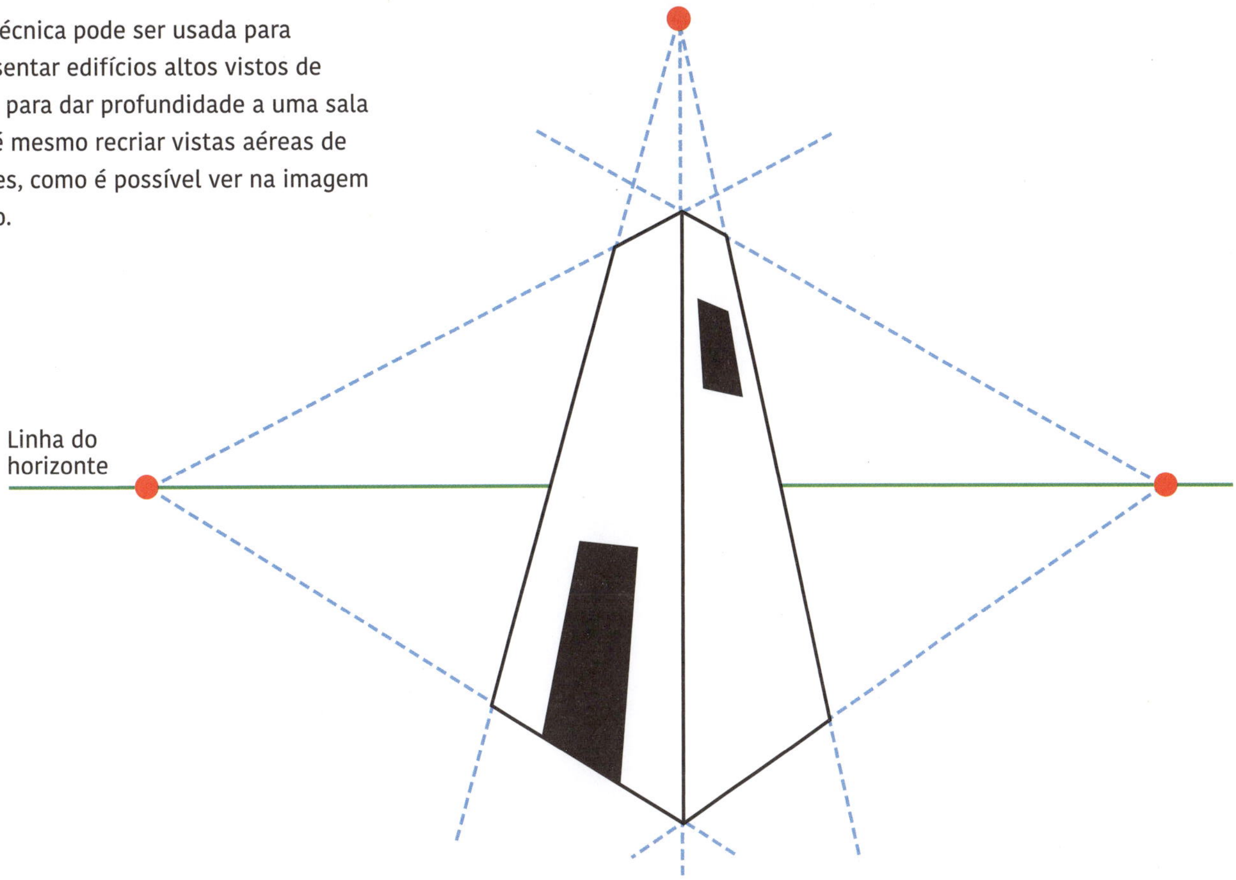

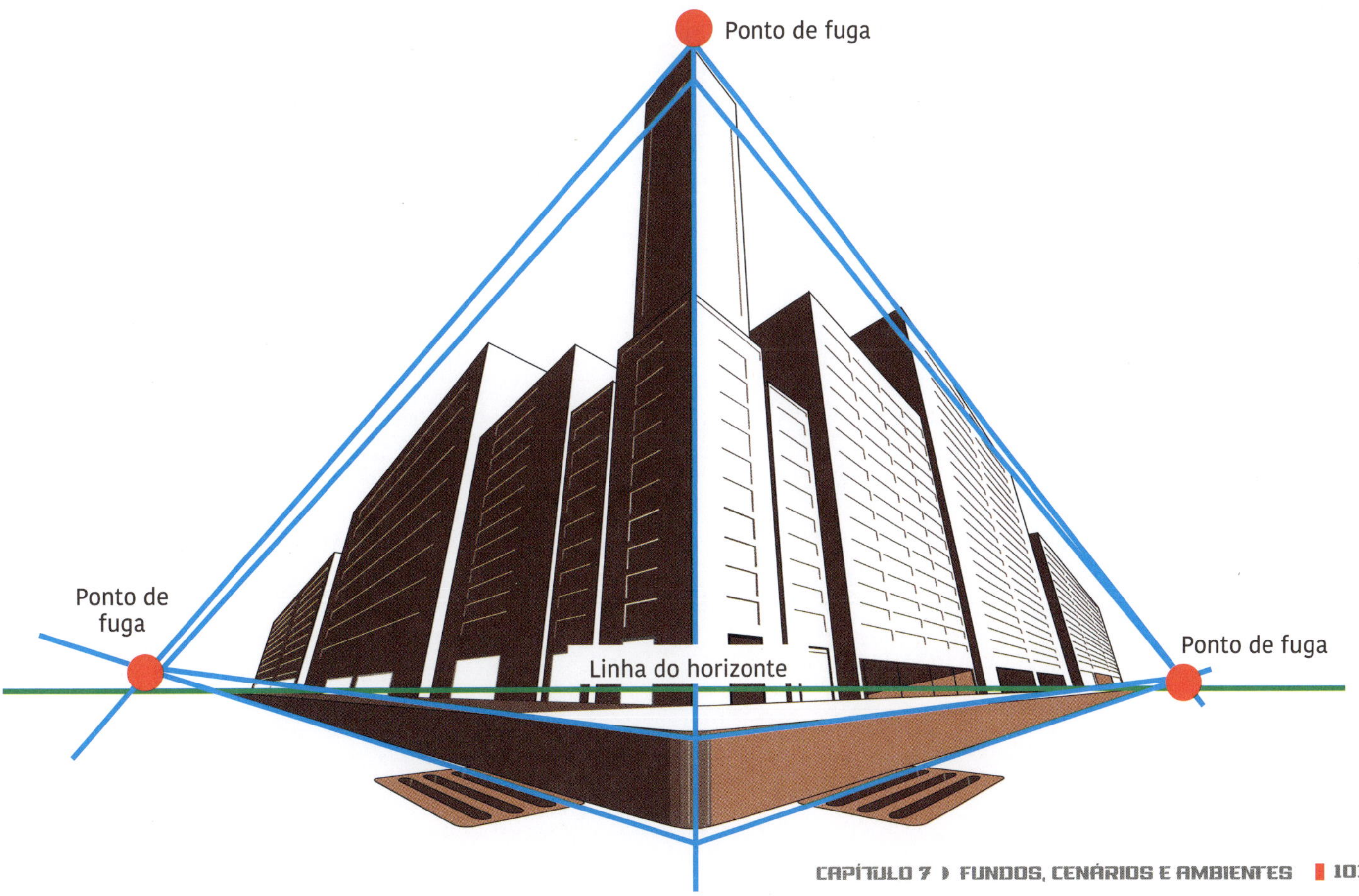

DESENHO EM PERSPECTIVA

Para criar um plano de fundo com volume, você deve primeiro fazer um esboço. Em seguida, identificar quantos pontos de fuga serão necessários para aplicar a perspectiva adequada.

1 Observe o esboço e decida para qual direção a cena estará voltada. Desenhe onde será a linha do horizonte e adicione o ponto de fuga. Em seguida, comece a desenhar os móveis e os objetos da cena.

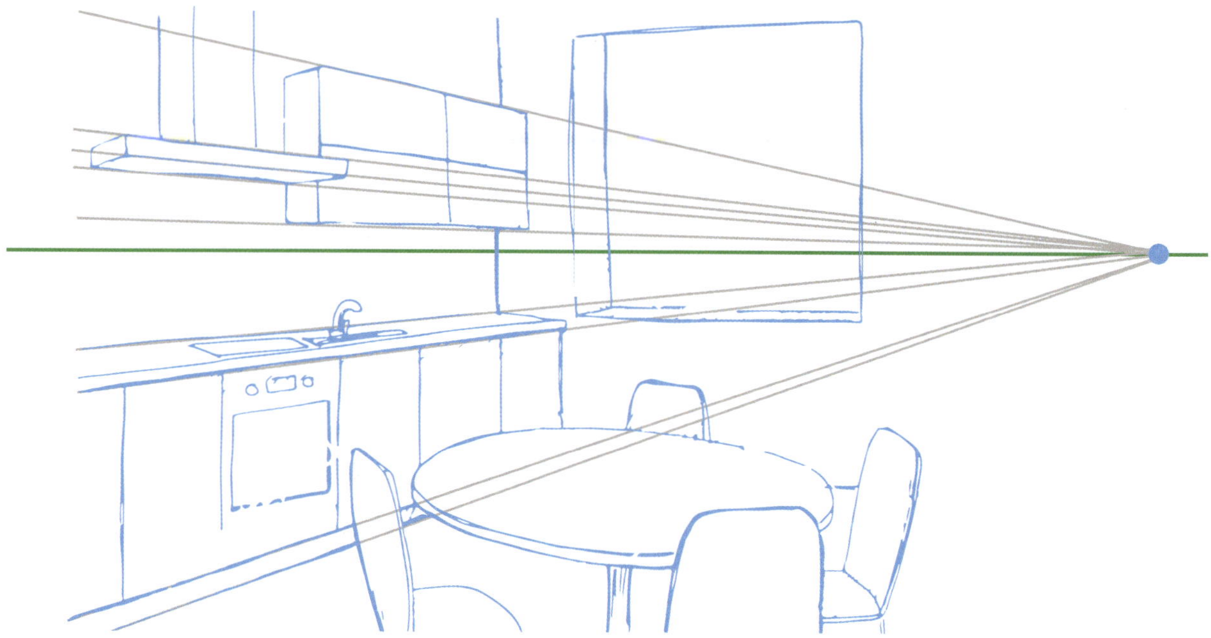

2 Acrescente os detalhes que julgar necessários usando as linhas de perspectiva como base.

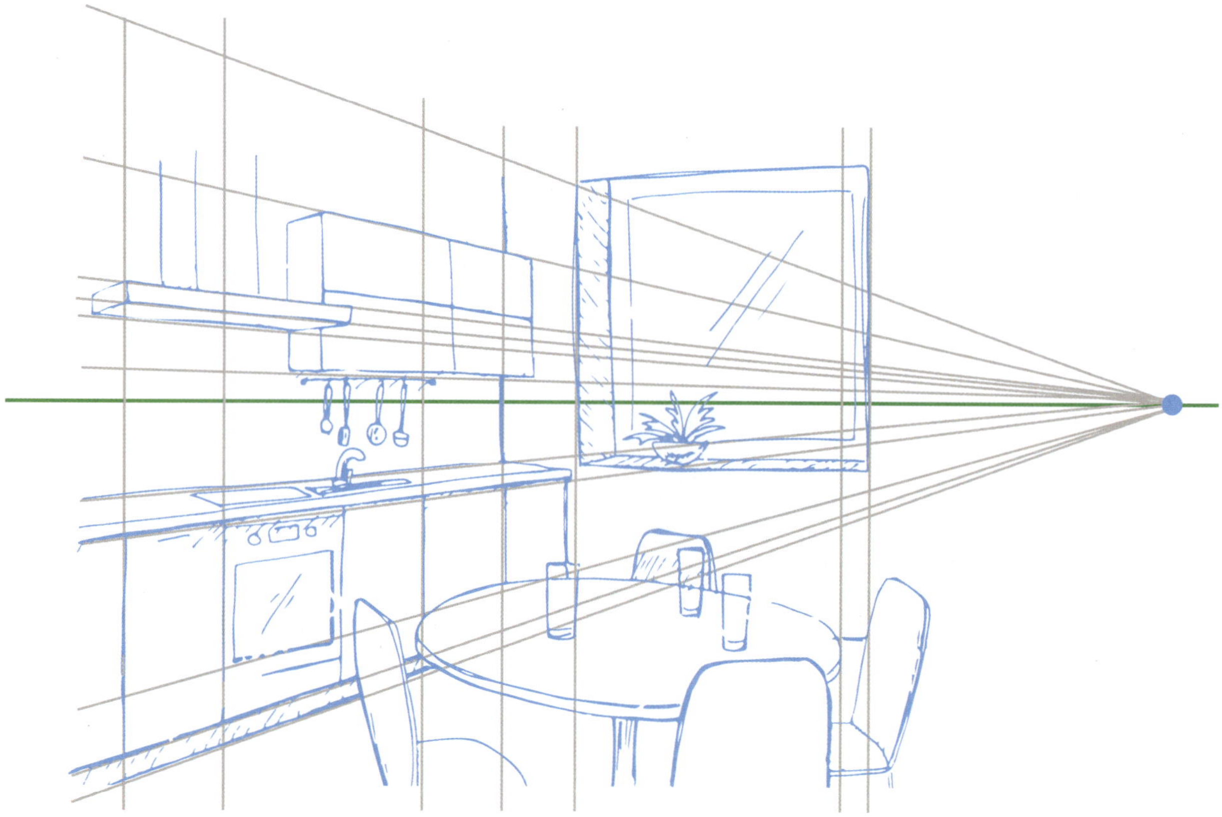

3 Contorne seu desenho. Em seguida, você pode colori-lo de acordo com o clima que deseja dar à cena.

4 Lembre-se de que os personagens também seguem as leis da perspectiva. Conforme se aproximam do ponto de fuga, devem parecer mais distantes e, portanto, menores.

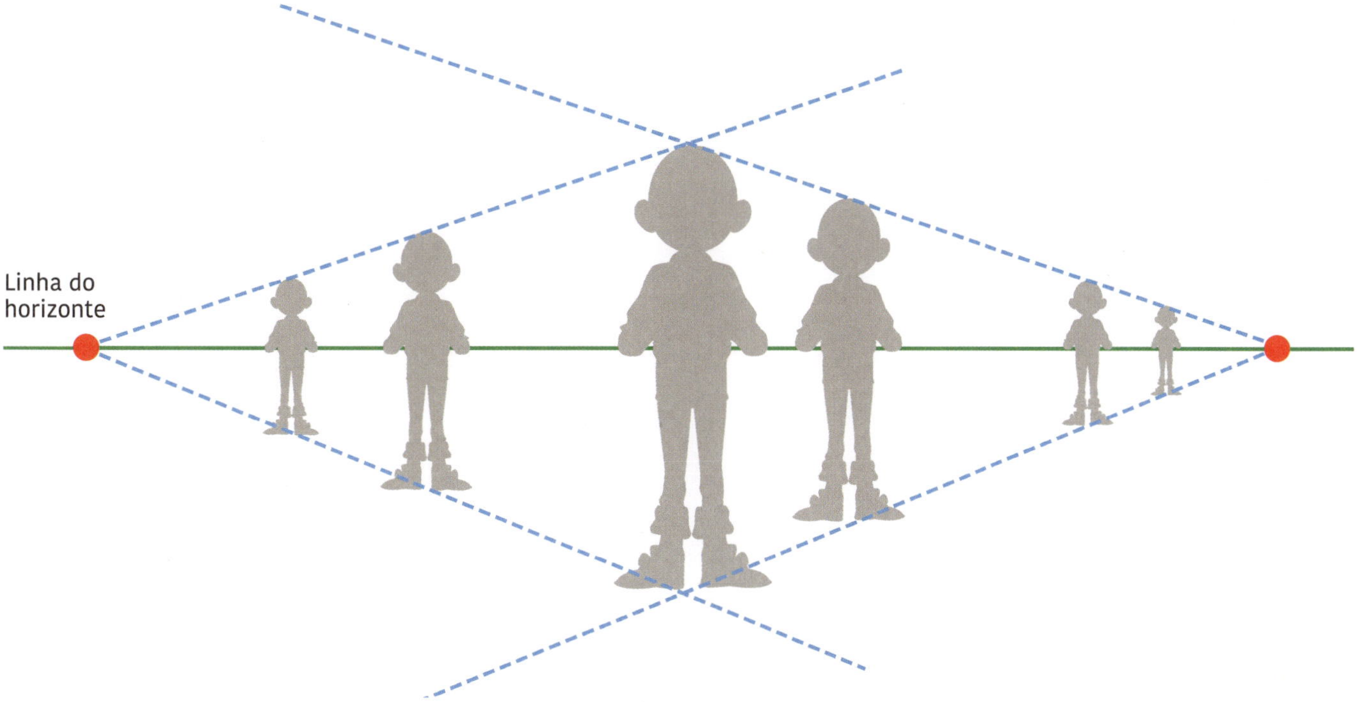

Luz e sombra

São elementos básicos para criar volume, textura e atmosfera nas cenas. Ao combinar tons claros e escuros, obtém-se contraste e claridade.

Antes de aplicar luz e sombra em uma pessoa ou objeto, é necessário definir qual parte estará iluminada e qual estará escura. Entre as duas, deve haver uma parte em meia-luz ou claro-escuro, que é a parte que dá volume.

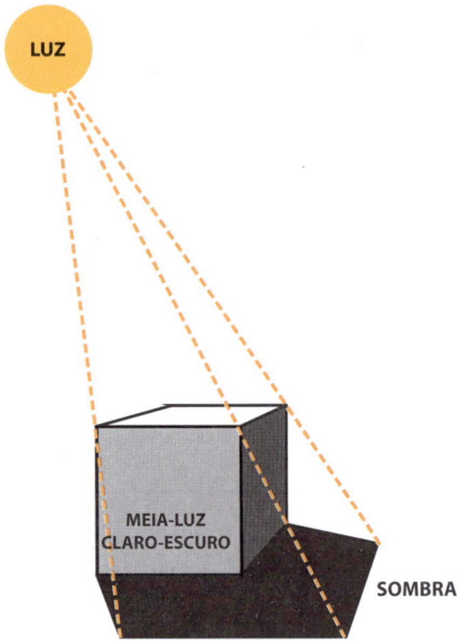

LUZ NATURAL OU ARTIFICIAL?
Outro aspecto a ser levado em conta é se o objeto recebe luz natural ou artificial, pois sua sombra será diferente.

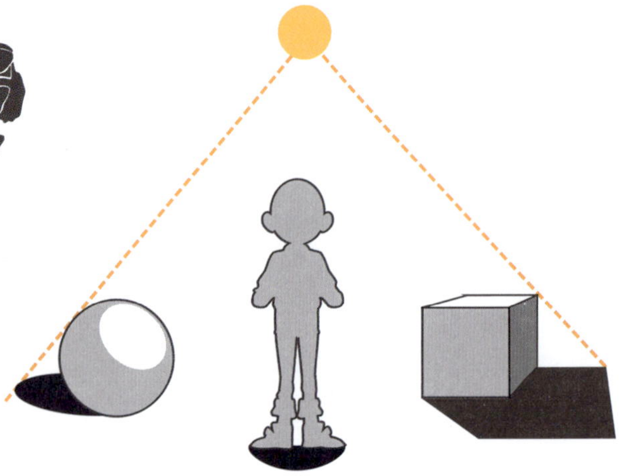

LUZ NATURAL
Se várias pessoas ou objetos receberem luz natural (proveniente do sol ou da lua), todas as suas sombras serão paralelas, pois a fonte de luz está muito distante.

LUZ ARTIFICIAL
Se, por outro lado, a luz for artificial (produzida por lâmpadas, lanternas ou velas), a sombra será projetada de forma radial, como mostra a imagem.

Cores que determinam a hora do dia

Dependendo da paleta de cores usada, você poderá retratar a hora do dia em que a cena acontece.

CORES FRIAS

Em cenas noturnas, são usadas cores frias e escuras junto com tons claros para que os objetos ou as pessoas não percam sua forma.

PRETO E BRANCO

Entre essas cores, há uma grande variedade de tons de cinza. Veja este exemplo e observe como a cena noturna foi criada apenas com silhuetas e tons de cinza. O contraste do preto do personagem com os círculos cinza da lua dá profundidade à imagem.

A MESMA PAISAGEM EM DIFERENTES MOMENTOS DO DIA

Essas duas cenas representam o mesmo local em diferentes momentos do dia. Observe como o clima e a hora do dia mudam quando alteramos a paleta de cores. Na primeira, as cores mais claras e as nuvens brancas refletem muita luz, retratando um dia claro e bem iluminado. Em contraste, a imagem ao lado apresenta tons mais escuros, que fornecem menos luz e dão a ideia de pôr do sol.

Composição

A composição é o equilíbrio dos elementos que compõem uma cena dentro dos limites definidos para o desenho, seja no sentido vertical ou horizontal. Ao usar planos diferentes, é possível conferir dinamismo à cena.

Para obter uma boa composição em seus quadros, você deve desenhar elementos reconhecíveis, que não sejam confusos e que se destaquem por sua importância e qualidade. Evite usar simetria, para que a cena pareça dinâmica e mais natural. Afaste ou aproxime determinados objetos ou personagens que deseja ou não destacar usando a perspectiva e os planos visuais.

CENAS PANORÂMICAS

Mostram o espaço em sua totalidade, visto de um ponto distante. É um plano em que se dá importância ao ambiente e à atmosfera em que os personagens se movem.

Nesta ilustração, as linhas diagonais da perspectiva ressaltam o trem, direcionando nosso olhar para ele.

Planos visuais

Há diferentes planos usados para comunicar emoções, sentimentos, ações, para fornecer informações sobre o personagem ou para mostrar um contexto. O plano é escolhido de acordo com o que você quer dizer ao leitor.

PRIMEIRO PLANO

Neste plano, o fundo é apenas sugerido e não precisa ser detalhado, pois queremos dar importância à expressão e aos sentimentos do personagem principal, representados nos detalhes de seu rosto.

PLANO MÉDIO

Os personagens são cortados na altura da cintura para representar proximidade, como se o leitor estivesse falando com eles. No plano de fundo, há um cenário detalhado para mostrar o ambiente em que os personagens se movem.

PLANO SUPERIOR

Nos quadros em que o personagem principal é visto de um ângulo mais alto, não é necessário detalhar o plano de fundo, porque apenas uma parte dele é mostrada e o que se deseja é dar importância ao personagem. Esse plano é muito comum em mangás.

CAPÍTULO 8

Composição de quadros e efeitos gráficos

Composição dos quadros

É a ordem, a forma e a disposição dos quadros na página para tornar o mangá interessante e fácil de ler, prendendo a atenção do leitor. Isso tem a ver com o *storyboard*.

LEMBRE-SE DE QUE NO OCIDENTE A DIREÇÃO DE LEITURA É DA ESQUERDA PARA A DIREITA, MAS OS MANGÁS ORIGINAIS JAPONESES SÃO LIDOS NA DIREÇÃO OPOSTA, DA DIREITA PARA A ESQUERDA.

O primeiro passo para começar a desenhar um mangá é definir a composição dos quadros. Depois de escolher o tamanho e o formato da página, você deve organizar os quadros de forma que seja fácil acompanhar a leitura (sempre na direção em que os olhos se movem de maneira natural para o leitor).

O número de quadros varia de acordo com a história, o que você quer contar e as cenas que precisa apresentar. Às vezes, são necessários mais quadros em uma página do que em outras, mas você deve sempre usar uma estrutura simples com diálogos fluidos. A diagramação dos quadros e, portanto, da história, deve ser visualmente atraente e permitir que o leitor entenda o enredo para que não perca o interesse.

Nos mangás japoneses, os quadros são frequentemente usados sem linha para delimitá-los. Além disso, alguns quadros se apoiam no desenho de outros quadros ou os personagens são sobrepostos uns aos outros. Em alguns casos, há cenas ou detalhes ocultos na junção de dois ou mais quadros.

Nos quadrinhos europeus ou americanos, os quadros de página inteira são frequentemente usados para mostrar cenas de ação poderosas ou para apresentar um lugar. Eles determinam um momento importante na história.
Os quadros quadrados ou retangulares lado a lado são usados em sequências ou planos diferentes da mesma ação, do mesmo personagem ou local.

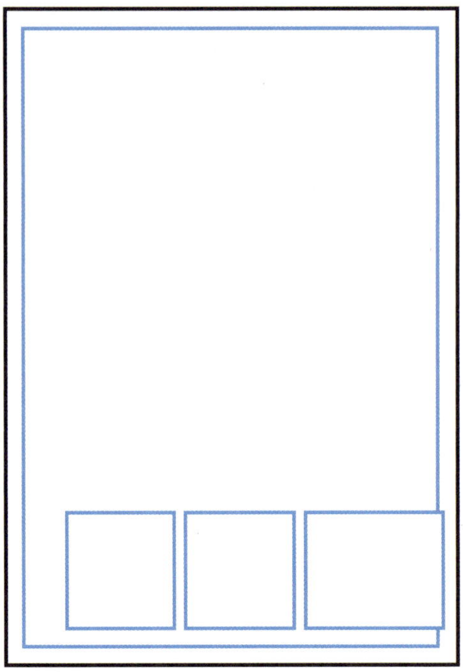

BALÕES DE DIÁLOGO OU BALÕES DE FALA

Estão entre os elementos mais importantes do mangá. Eles permitem que o personagem se expresse claramente, emitindo palavras ou sons necessários para a história e atraindo a atenção do leitor.

Os balões de diálogo representam “a voz” dos personagens. Eles são desenhados de diferentes maneiras, de acordo com a atitude, a emoção ou o sentimento que deseja expressar. Alguns balões podem indicar calma na fala de um personagem. Outros são mais imperativos ou dão a ideia de som alto, como um grito. Por outro lado, balões em forma de nuvem indicam que o personagem está pensando ou sonhando.
O mesmo vale para as palavras: mudar a forma, o estilo ou o tamanho das letras altera a expressão. Para que o diálogo seja claro e dinâmico, o mangá deve ser escrito com letras claras, procurando evitar textos muito longos.

Esses exemplos são amplamente utilizados no Ocidente devido à forma como escrevemos, mas no Japão são quase todos dispostos verticalmente.

Efeitos gráficos e onomatopeias

São recursos muito úteis para representar graficamente os sons, reforçar situações e dar impacto visual à ilustração.

Os efeitos e as onomatopeias desempenham um papel gráfico, fonético e perceptivo na composição do quadro. Ou seja, eles "mostram" o som e os sentimentos dos personagens ou a atmosfera da cena. Aqui estão alguns exemplos:

EXPLOSÕES

DISPARO

GOLPES

EXPRESSÕES

BEIJO

LETRAS TEXTURIZADAS

O desenho das letras dá dinamismo à onomatopeia e força à mensagem.

As letras que formam uma onomatopeia costumam não estar alinhadas, pois o movimento reforça seu significado. A espessura e o tamanho podem variar de uma letra para outra, e são sempre usadas em maiúsculas. Às vezes, o efeito desejado pode ser reforçado aplicando-se texturas em cada letra.

EXPLOSÃO

GOLPE NA ÁGUA OU ESPIRRO

GOLPE METÁLICO

EXPLOSÃO COM FUMAÇA

ELETRICIDADE

SUBSTÂNCIA PEGAJOSA

OUTROS EFEITOS MUITO USADOS

Capítulo 9

Criação de mangás

NARRAÇÃO DA HISTÓRIA

Na criação de um mangá, o *mangaká* precisa constantemente tomar decisões. Portanto, precisa fazer um planejamento ordenado e meticuloso das tarefas a serem executadas. A seguir, você encontrará orientações para ajudá-lo a contar a sua história e algumas tabelas que podem ser usadas como modelo.

- Defina o **gênero** da sua história: aventura, comédia, romance, ficção científica, suspense, policial ou terror, entre outros.

- Descreva o **enredo** da sua história em poucas palavras.

- Desenvolva a **narrativa** completa. A estrutura mais famosa - e mais simples - do mundo é a que começa com uma introdução, segue com o enredo ou conflito e termina com um desfecho. A introdução apresenta os personagens e descreve o local. No meio do enredo, surge um problema, a ação dramática. Finalmente, ele é resolvido no desfecho.

- Divida a história em **cenas**. Em seguida, defina a situação que contará em cada uma delas. Depois de decidir quantas cenas serão necessárias, você vai saber quantos quadros terá de desenhar. Uma cena pode ocupar um ou mais quadros. Lembre-se do que aprendeu nos capítulos anteriores.

- Dependendo do número de cenas e quadros, você poderá calcular o número de páginas necessárias.

- Planeje como desenvolver a história através de diálogos: pense no que os personagens dirão, quais conversas serão necessárias e em quais quadros, se vários personagens falarão ou se haverá apenas um narrador.

HISTÓRIA

TÍTULO:	
GÊNERO:	
ENREDO:	
NARRAÇÃO:	
NÚMERO DA CENA E SITUAÇÃO:	PÁGINAS NECESSÁRIAS:

◗ Além disso, você deve descrever os locais onde a história vai se passar, onde os vários diálogos vão ocorrer, quais ações acontecerão e onde. O personagem estará correndo em um parque, em uma praia, em uma montanha ou em uma rua específica?

Veja o exemplo abaixo.

História de aventura
Cena 1
A ação ocorre pela manhã, em um parque abandonado. É um dia claro e não há ruídos no local.

Página 1: O protagonista está sozinho, andando de skate e explorando o parque.

Página 2: Uma garota aparece e se junta à aventura do protagonista.

◗ Obtenha o máximo de fotos, desenhos ou esboços do local que deseja retratar, para conhecê-lo melhor e, assim, desenhar a atmosfera apropriada. Pense na decoração, na atmosfera, nas cores, no clima que deseja transmitir e em todos os detalhes necessários para cada cena.

LOCAL

A AÇÃO ACONTECE EM:

FOTOS OU IMAGENS DO LOCAL:

Criação dos personagens

A seguir, você encontrará um passo a passo para criar seus personagens e alguns cartões que podem ser usados como modelos.

Pense nos personagens que aparecerão em sua história e decida quem será o protagonista e os coadjuvantes. Para fazer isso, crie um modelo com os nomes de cada personagem. Descreva sua identidade, como ele se relaciona com os outros personagens, como é sua aparência física, como se veste ou qual é seu estilo. Isso permitirá que você desenhe cada um deles com facilidade e os represente da maneira adequada para que o leitor possa conhecê-los e entender seu caráter e personalidade.

Na sua história, os personagens secundários podem ser amigos, animais de estimação ou ajudantes e companheiros nas aventuras do protagonista. Também podem ser inimigos ou adversários, ou parceiros que os ajudam nas missões (esses geralmente são ruins, mas não tanto quanto o inimigo principal).

PERSONAGEM

NOME:	IDADE:
MORA EM:	
ATIVIDADE, OFÍCIO, OCUPAÇÃO, PROFISSÃO:	
OBJETIVO:	
GOSTA DE:	
NÃO GOSTA DE:	
HABILIDADES OU PODERES:	
OUTRAS CARACTERÍSTICAS:	
OBSERVAÇÕES:	

VESTUÁRIO

Como você aprendeu nos capítulos anteriores, a roupa faz parte da identidade de cada personagem. Portanto, é importante defini-la bem.

CARTÕES MODELO

Você pode usar cartões diferentes para definir seus personagens e detalhar o que precisa para o desenvolvimento da história.

É possível criar um cartão de figurinos e acessórios. Utilize esse modelo como guia e acrescente o que for necessário. Você também pode criar cartões para descrever o local onde a história acontece, o animal de estimação do personagem principal etc.

VESTUÁRIO

NOME:

ANO OU ÉPOCA EM QUE A HISTÓRIA SE PASSA:

PRINCIPAIS CARACTERÍSTICAS DA ROUPA:

CORES PRINCIPAIS:

ACESSÓRIOS:

ESBOÇOS:

Definindo o personagem

Depois de anotar os detalhes que compõem a personalidade, a identidade e o caráter do seu personagem, você pode desenhar suas características e expressões frequentes para que ele seja consistente em todo o mangá.

CARTÃO COM EXPRESSÕES E GESTOS TÍPICOS DO PERSONAGEM.

CARTÃO COM POSES E AÇÕES QUE ELE COSTUMA REALIZAR.

STORYBOARD

Uma vez que você tenha a história e os cartões dos lugares e personagens, é hora de desenhar o *storyboard*, ou seja, o desenho de todo o roteiro dividido em cenas.

Volte ao roteiro que você escreveu anteriormente e faça uma leitura geral, corrigindo o que quiser mudar, completando o que for necessário. Quando estiver satisfeito, faça o *storyboard* a lápis. Desenhe todas as cenas e cada elemento que deseja mostrar em seu mangá. É importante respeitar a ordem em que a história será contada.

Trabalhe os planos de cada personagem como se fosse um filme. Varie os quadros e os planos para evitar que o mangá se torne monótono. Dessa forma, poderá dar relevância ao que deseja mostrar.

MODELO PARA FAZER O *STORYBOARD*.

CENA .... DESCRIÇÃO	CENA .... DESCRIÇÃO	CENA .... DESCRIÇÃO ....
CENA .... DESCRIÇÃO	CENA .... DESCRIÇÃO	CENA .... DESCRIÇÃO ....

DESENHANDO MANGÁ

Depois de terminar o *storyboard*, você pode começar a desenhar o mangá. Primeiro, desenhe a lápis, depois revise tudo. Quando estiver confiante, passe a tinta e finalize o trabalho.

Observe as situações que você delineou no *storyboard* e decida quantas páginas dedicará a cada uma delas. Em seguida, selecione o tamanho e o tipo de papel que usará para o mangá e comece com a composição de cada página.

Ao criar a diagramação dos quadros, você deve pensar em qual deve ser a forma e a ordem corretas para tornar a leitura agradável e interessante. Decida a direção da leitura: será da direita para a esquerda, como no Japão, ou da esquerda para a direita, como no Ocidente?

ESBOÇO A LÁPIS

Desenhe os contornos dos quadros e defina o tamanho, a posição e a forma dos balões de diálogo. Lembre-se de deixar espaço para desenvolver a cena.

DESENHO DE CADA CENA

Desenhe os personagens, depois adicione o plano de fundo, os efeitos e, por fim, os detalhes de cada quadro. Faça traços leves.

ENTINTAGEM GERAL

Contorne os balões de diálogo, o cenário e os personagens.

ENTINTANDO OS DETALHES

Escolha a ferramenta com a qual você vai fazer o acabamento do mangá. Primeiro, desenhe o contorno dos quadros com tinta e régua. Tome cuidado para não borrar a tinta ao mover a régua ou apoiar a mão na folha.

APAGANDO O LÁPIS

Quando a tinta estiver completamente seca e não houver risco de borrar, apague todas as linhas do lápis com uma borracha macia.

PREENCHIMENTO DAS ÁREAS

Preencha todas as áreas. Se for fazer um mangá colorido, esse é o momento de pintar cada um dos elementos que permanecerão planos. Termine o desenho com os detalhes, padrões de roupas e fundos em cores ou em tinta preta.

ESCREVENDO O TEXTO

Escreva a lápis os textos e diálogos de cada quadro. Verifique se tudo foi escrito corretamente e sem erros de ortografia. Em seguida, passe tinta em cada letra com a ferramenta escolhida. Deixe secar bem e apague os traços de lápis.

DESENHO DA CAPA

Faça uma ilustração de página inteira que mostre a ideia principal ou a ação da história e coloque um título atraente para finalizar seu trabalho. Lembre-se de desenhar a lápis, depois passar à caneta, apagar as linhas anteriores e, por fim, colori-la.

Quando terminar todo o trabalho, você poderá dizer que se tornou um grande *mangaká*!

ÍNDICE

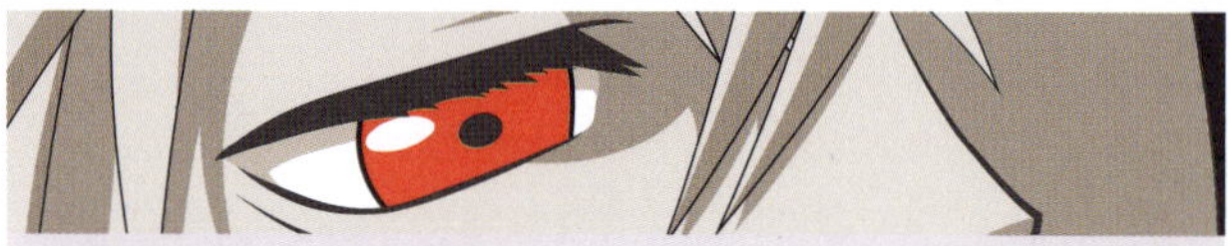

CAPÍTULO 1

CAPÍTULO 2

CAPÍTULO 3

CAPÍTULO 4

CAPÍTULO 5

CAPÍTULO 6

CAPÍTULO 7

CAPÍTULO 8

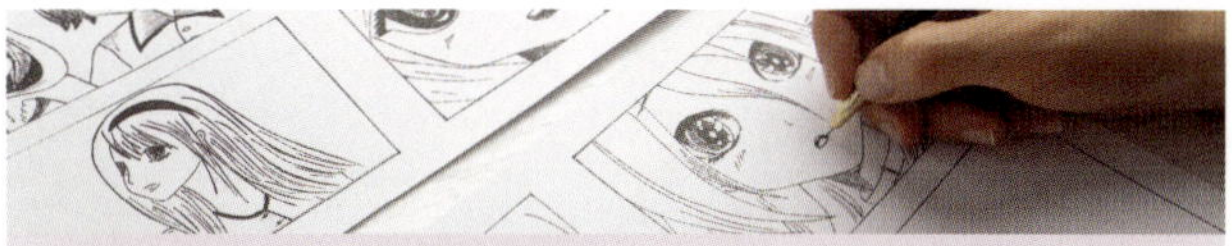

CAPÍTULO 9

OUTRO LIVRO DA COLEÇÃO QUE VOCÊ PODE GOSTAR

gato amarelo